新时代教师教育丛书

丛书主编 | 袁振国

做研究型教师

【第2版】

鲍传友 ◎ 著

教育科学出版社
·北京·

序

做研究是教师最好的工作状态

20世纪90年代,我差不多都是在老家的一所乡村中学度过的,学校除了几间教室,只有一间破旧的办公室,办公室里仅有几份上面指定要求订阅的报纸,想找一本小说看看都非常困难,更不要提专业学习了。大部分教师基本上靠一本教科书和一本教学参考书就度过了整个教学生涯,今天人人诟病的、泛滥的习题集在那个时代对于老师们来说都异常珍贵,成为唯一能够给教学带来一点生机的东西。我当时在初中教三个班的英语,同样的课要在一个上午连上三节,疲惫不堪,以至于现在听到"韩梅梅"都有一种不自在的感觉。"话说三遍淡如水",我是真正体验到了那种无聊和痛苦。每到第三节课,四十五分钟往往成了一种煎熬,我经常站在讲台上不知所云,有时候甚至感觉舌头不听使唤,以至于有些语无伦次了。所以,那个时候早上第一节上课的学生算是比较幸运的,而上第三节课的学生就没那么幸运了,他们感受到的不是学习英语的乐趣,而是教师的疲惫和有气无力。我深知这对这些学生不公平,多次请求学校让我只带两个班的课,但在那个英语教师非常稀缺的年代,这样的愿望基本不可能实现。后来,为了解决"话说三遍"的问题,我自己想了个办法,到第三节课的时候,我索性把教科书放到一边,自己研究英语教学要求,编写教学材料,课堂上只讲我自己编的内容,而教科书上的内容留给学生自己学习，这样一下子我又有精神了，课堂也有了生气。更让我感到意外的是，这个班期末测试的成绩竟然高出另外两个班很多，这是我第一次感受到教学改革的神奇功效，也感受到了从来没有过的职业快乐。也就是从那时开始，我对教育研究产生了浓厚的兴趣。随着研究的深入，我已经不再满足于英语教学，开始不断涉猎大量关于学生发展和学习的理论，读了很多教育教学方面的名著，我也因此从中学英语教师转型为高校的专业教育研究工作者。

进入高校以后，我仍然喜欢与一线教师打交道，喜欢去课堂听课，喜欢参加学校和教研组的各种研讨，深切地感受到了蕴藏在教育实践中的无穷智慧。但同时也感受到在日益复杂和富有挑战的教学工作中，很多教师无所适从，消极倦怠，那种无力和无助感始终萦绕在我的脑海中。于是，我结合自己过去的工作经验，于2009年写了一本《做研究型教师》，希望把那些年在中学工作时的思考、做研究所产生的经验和快乐分享给更多的一线教育同仁，也希望告诉那些身处焦虑和倦怠中的教师，只有通过研究才能走出困境，才能最终体验到教师职业的幸福感，正如苏联教育家苏霍姆林斯基所言："如果你想让教师的劳动能够给教师一些乐趣，使天天上课不致变成一种单调乏味的义务，那你就应当引导每一位教师走上从事研究的这条幸福的道路上来。"实际上，这个道理已经被实践中涌现出来的一大批名师和教学能手所验证，无论是哪个学科、哪个学段，他们的共性都是乐此不疲地进行教学研究，把工作和研究很好地结合在一起，走出困惑，走上前台。

这本书出版十几年来受到广大一线教师的欢迎，在不少地方和学校成为教师专业学习和培训的指定用书，我倍感欣慰，也深受鼓舞。进入新世纪以来，随着教育改革的深入推进，科学技术发展的日新月异，各种教育新理论、新政策、新方法、新技术层出不穷，令人目不暇接。可以说，从来没有哪个时代比今天教育变革的速度更快。"双减"政策提出了"减负提质"的要求，而《义务教育课程方案（2022年版）》的发布，更是明确了教学理念、教学目标、教学内容、教学方法和手段、教学评价等改革的方向。立德树人、培养学生核心素养、注重综合素质、推进深度学习等，正成为当下教育教学改革的主题。这对教师的角色和专业水平提出了更高要求，也给广大教师提出了很多新的研究任务和研究课题，需要我们用更科学的方法和工具来开展研究，从而使教学工作更加科学化，更有效率，也带给教师们更多的快乐和成就感。所以，本书修订的重点集中在问题、文献和方法三个方面，特别是在研究方法和研究工具方面增加的内容比较多。我经常把这三个方面称为研究的三要素，因为只有解决了这三个方面的问题，才能真正体现研究的功能和价值。

这些年来，随着教育改革的不断推进，不搞科研的学校、不做研究的教师已经很少了。我参加过很多次校长和教师的课题研讨，也指导过不少校长和教师做研究，总体感受是真正有价值的研究凤毛麟角，结果是课题和项目做了很多，教学和学生问题却未见减少，原因主要还是没有掌握做研究的基本规范，缺少指导，研究走过场，形式主义，不深入，不严谨；有不少研究连基本的调研都没有，也不知道要研究什么问题，就开始长篇大论，东拼西凑，什么问题也没有解决。这样的研究对教育实践来说不仅没有益处，反而会形成粗制滥造的风气，徒然浪费教师们宝贵的教学时间、精力和资源。希望此次修订能够让教师们更加重视研究的基本规范，把教学当成一项科学的工作，用证据来代替感受和经验，对日常教育现象和问题做出更准确的判断，做到精准施策，达到事半功倍的效果，不断展现教学的精彩和魅力。

　　希望本书能够给一线教师做研究提供一些参考，使研究做起来更加容易，更加快乐。

　　是为序！

鲍传友

2022年6月于北京师范大学英东教育楼

目 录

| 第一章 | 教师即研究者 001
 第一节　充满不确定性的教学领域 002
 第二节　研究是教师专业成长的内在需要 013
 第三节　研究型教师的基本特征 020

| 第二章 | 行动研究：教师研究的基本定位 033
 第一节　如何理解教师研究 034
 第二节　行动研究的内涵与基本过程 049

| 第三章 | 问题：研究的缘起 077
 第一节　研究始于问题 078
 第二节　问题的选择 087

| 第四章 | 文献：研究的基础 111
 第一节　文献的内涵与功能 112
 第二节　学会检索和分析文献 119
 第三节　撰写文献综述 128

| 第五章 | 方法：研究科学化的保障 141
　　第一节　选择研究对象......................... 142
　　第二节　选择合适的研究方法................. 145
　　第三节　研究工具的编制和使用.............. 168
　　第四节　做好资料的整理和分析.............. 180

| 第六章 | 做好研究设计：让研究规范开展 191
　　第一节　案例研究设计......................... 193
　　第二节　实验研究设计......................... 200
　　第三节　调查研究设计......................... 209
　　第四节　课题研究设计......................... 213

| 第七章 | 学会表达研究成果：走向理论自觉........ 229
　　第一节　教学课例.............................. 230
　　第二节　教育案例.............................. 244
　　第三节　教育叙事.............................. 257
　　第四节　教育研究报告......................... 270

后　　记... 286

|第一章| 教师即研究者

如果你想让教师的劳动能够给教师一些乐趣，使天天上课不致变成一种单调乏味的义务，那你就应当引导每一位教师走上从事一些研究的这条幸福的道路上来……。凡是感到自己是一个研究者的教师，则最有可能变成教育工作的能手。

——苏霍姆林斯基

第一节　充满不确定性的教学领域

一、教育对象的多样性和差异性

"大千世界，无奇不有"是我们对日常生活世界多样性的最直观的认知和描述，多样性也是这个世界的精彩和魅力所在。世界如此，人也一样，正如一位哲人说的，"世界上没有两片完全相同的树叶"，在这个世界上不可能有两个完全相同的人，即便是双胞胎，模样一样、穿着一样，甚至讲话声音也一样，但是性格和爱好却不可能完全一样。双胞胎尚且如此，一般人之间的差异就更大了。遗传、家庭背景、自然环境、同伴群体、社会关系、父母教育方式、学校教育经历等的差异，造成了人的千差万别，也带来了教育对象的丰富多样性。

人既是教育的起点，也是教育的终点。教育对象的多样性和差异性构成了教育的基本情境和教学认识的起点。每个生命都是不一样的，都有其独特的个性和能力，有些人擅长体育活动，有些人在艺术上有天赋，有些人可能表达能力极强，也有些人对数据敏感、过目不忘，但很少有人兼具上面的所有能力，一般他们会在某一方面有特长，而在另外一些方面有短板。

众所周知，对现代科学做出杰出贡献的物理学家爱因斯坦虽然具有极强的抽象思维能力，但是在语言表达上却并非一流。在中国家喻户晓的《围城》的作者钱钟书当年在考大学的时候数学成绩很差,因其文史成绩优秀而被清华大学破格录取,数学差丝毫没有影响他成为一代文学大家。

这让我想起几年前看到的一幅讽刺当下教育的图画(见图1-1)。这幅图画的大致意思是一个人召集了许多动物,有海豹、鱼、大象、猴子、小鸟等,对它们进行本领测试。规定测试项目是爬树,谁最先爬到树的顶端,谁就是冠军。可想而知,比赛的结果是什么。大象虽然体形巨大,力大无比,可是它在爬树上并无特长;而小鸟虽然力气比不上大象,却可一飞冲天,轻而易举地将冠军奖杯收入囊中。如果换一种比赛方式,如举重,那么必然又是另外一种结果了。

图1-1 爬树比赛

其实,人与人之间的差异并不比这些动物之间的差异小,可是,从某种程度上讲,我们的教育就是让这些差异很大的个体在进行统一的"爬树"比赛。那些先天就具备"爬树"素质的人,可以轻易地爬到"树"的顶端,而那些没有"爬树"素质或者"爬树"素质比较欠缺的人就可能成为这场比赛的淘汰者。但是,他们虽然欠缺"爬树"的本领,却可能在其他方面身怀绝技,如唱歌、奔跑、绘画等,而这些领域同样是人们丰富多彩的生活世界中不可或缺的部分。从某种意义上说，正是人的多样性造就了世界的多样性，而具有多样性的人才真正成就了无奇不有的大千世界，并创造了人类的文明和繁荣。

教育要有理想，要实现人的全面发展，更要尊重教育对象的多样性和个体差异性，不能按照全能的目标千篇一律地要求每一个人，要善于顺性扬长，力所能及地为每个人提供符合其个性需要的发展机会。"有教无类"和"因材施教"从古至今都是教育者要坚守的基本信念和原则。所以，作为教师，我们是否应该思考：如何才能为每一个鲜活生命的自由快乐成长提供无限的可能？

二、不确定性：现代教学过程的基本特征

教学是一种有组织的、持续进行的并以引发学习为目的的交流活动，所以，教学过程是确定性和不确定性的统一。所谓教学过程的不确定性，是指教学作为一个复杂的信息交流过程，其中的各要素之间不仅存在着一些相互影响、相互制约、互为因果的线性关系，而且存在着一些人们无法根据某些具体的原则进行预料、描述和控制的非线性关系，这种非线性关系就是教学过程的不确定性。正是教学过程的不确定性，使教学具有艺术的美感和创造性，尤其是在现代社会，随着人的主体意识的增强，以及知识更新速度的加快，不确定性越来越成为教学过程的主要特征。

教学过程的不确定性不仅表现在教学内容上，而且表现在教学方法和教学手段上，甚至教学时间、场所和对象这些原来被认为确定无疑的教学要素也不再是固定不变的了。因为，任何一个课堂情境都包含在特定的时空内，人与人之间是积极互动的，只要人物、时间和空间三者中任何一个因素发生变化，课堂都将是不同的。正如世界上没有完全相同的两片树叶一样，我们也可以说，世界上不存在完全相同

的两个课堂。①

教学过程的不确定性首先源于知识体系自身的开放性。在传统的观念中，人们对知识的认识是绝对的，认为知识就是一些确定无疑的基本事实和原则，比如，1+1=2；三角形的内角和等于180°；水的冰点是0℃，沸点是100℃；等等。这些知识在很多教师的教学中被当成颠扑不破的真理传授给学生，在教学过程中不允许学生讨论和质疑，学生只需要记住就行。事实上我们知道，这些基本事实都是在特定的条件下才成立的。1+1=2只有在十进制系统下才是正确的，如果换成二进制，就完全是另外一回事。同样，三角形内角和等于180°也只是在欧氏几何里才具有意义，假如在一个充气的球体的表面或者是内部画一个三角形，那么，它的内角和就会大于或小于180°。通常所讲的水的冰点是0℃、沸点是100℃也只是在标准大气压下才会发生的物理现象，如果气压变了，如在空气稀薄的海拔4000米的高山上，水的冰点和沸点就会发生变化。

这些例子说明，以往人们把知识看成确定不变的，把知识点看成分散、孤立的体系，这种对知识的理解是封闭的、片面的。而知识本身是一个开放的、发展的、不断变化的体系。知识的重要特性并不是它的确定性，而是它的不确定性。如果把知识当成确定无疑的，人类可能永远停留在柏拉图和亚里士多德时代。如果我们把哥白尼的"日心说"当成真理的话，就不会有后来开普勒的天体运动学说，而如果

---

① 实际上，不仅人的主观活动无法预测，就是客观世界也同样难以确定。在自然科学领域，著名科学家海森堡在20世纪初就提出了"测不准原理"。海森堡认为我们所发现和描述的不是纯粹意义上的客观事实，而是主体意志涉入其中的主体与客体之间的关系事实，任何科学研究均在一定程度上干扰着客体。因而科学研究成果也只能在有限的范围内揭示真理。后来，"熵"的概念的提出进一步改变了那种认为自然是简单的、可以观察的、充满线性的因果关系的朴素自然观，自然开始被理解为由灵活的秩序构成的复杂集合体，秩序与混沌彼此联系，原因与结果相互规定。

认为开普勒行星运动三大定律已经完全揭示了宇宙奥秘的话，同样不可能有牛顿万有引力定律的发现，更不可能有近代物理学的诞生，而正是牛顿物理学为近代科学发展奠定了基础。

但是，牛顿终结真理了吗？多少年来，人们在经典物理学的世界中相信时空的绝对性，从来不会想到时间和空间会发生联系。所以，牛顿开辟经典物理学以后，物理学世界沉寂了200多年，直到20世纪初由爱因斯坦打破了这一沉寂。爱因斯坦质疑牛顿的时空观，提出了著名的相对论，他否定了牛顿提出的绝对不变的时空观，认为时空是相对性的存在。相对论的提出是20世纪自然科学领域发生的最重大的事件之一，也是科学史上一次意义深远的革命，它不仅推动了现代科学的发展，而且深刻地改变了人们对世界的看法。自然科学的发展历程说明，一切知识都不是确定的，知识是一个充满不确定性的开放体系。那么，知识究竟是什么？

知识既不是对客观世界的绝对正确的反映，也不是独立于主观世界之外的纯粹的客观性存在。当代知识理论认为，知识内在于人的经验构造，是人的思维对所知对象的存在性反映。知识是人类认识世界、改造世界的产物。知识是生成的，它涵盖了人类的一些基本价值取向和本质特征，不存在置身于人类活动之外的纯客观知识。知识的产生、发现，以及知识借以表征的语言、逻辑、概念无不带有人为的特性，因而必然受到人的因素的制约。古希腊著名诗人塞诺芬尼在一首诗中写道：倘若牛、狮子有手，且能像人一样作画，牛会将它们的神画得酷似牛，而狮子则照它的模样画它们的神，它们各自照自己的样子塑造神的形体。这说明，在很早的时候，人们就知道知识不是客观世界自然生成的，而是客观世界的事物及其关系与人相互作用的结果。所以，同样的秦淮河，同一个晚上的"桨声灯影"，朱自清和俞平伯却写出感受和风格截然不同的散文佳作。

中国流传着一个古老的"盲人摸象"的故事，不同的盲人摸到了大象的不同部位，对大象做出了各不相同的描述。这个故事用来讽刺一些人看问题的片面性，但是，细想起来它还有另外一层含义：知识发现的过程是一种主观对客观事物的感受过程，知识发现不仅受制于人的生理特性，还受到客观条件的制约。实际上，从知识的相对性来说，那些被称为"知识"的东西又何尝不是"盲人摸象"的结果。即使今天我们发明了高倍的太空望远镜，我们所看到的和描述的太空景象也只是真实太空的一个小小的侧面，这与"盲人抓住大象的尾巴认为大象就是一条绳子"有多大的差距呢？

既然知识是不确定的，受制于人的主观因素，那么，教学过程就应该是一个充满变化的过程，那些不可预测的"节外生枝"恰恰是教学过程的一种真实反映。

西方有句谚语：一千个读者眼里就有一千个哈姆雷特。这说明人不会被动地接受外界信息，而是根据个体经验主动地进行选择和内化。面对同一种现象、同一个物体，不同的人会做出不同的解释。你可以在黑板上做一个简单的实验：画一个圈，让学生说出在黑板上看到的东西是什么，肯定会有很多不同的答案。所以，鲁迅在谈到《红楼梦》时有一段广为人知的精彩论述："单是命意，就因读者的眼光而有种种：经学家看见《易》，道学家看见淫，才子看见缠绵，革命家看见排满，流言家看见宫闱秘事……。"西方的谚语也好，鲁迅的论断也罢，无非都在阐述一个基本道理，人对世界的认知是每个人在个体经验上的一种能动解读，也说明知识掌握的过程是主客体相互作用的过程，而不是简单地将书本知识和教师个人的知识移植到学生的脑海中。

现代教学理论更多地将教学过程理解为教师和学生、学生和学生之间双重主体的交流和交往，是所有主体之间不断进行信息交换和信息加工的过程。一方面，教师对教材进行了能动的解释，教师在课堂上传递的信息经过了教师的选择和加工；另一方面，学生在接受教师信息的过程中也会进行选择和加工，这种重复选择和加工使教学过程很难遵循确定性的程序，达成确定性的目标。因此，教学过程中注重不确定性、注重过程性远比重视确定性的结果重要得多。

教学过程的不确定性还在于课程观的变化，以及教材内容不断因变化的世界而更新的事实。在传统的课堂教学中，课程就是教材，就是固化的、外显的客观知识体系。教师在教学过程中的主要任务就是将教材中所规定的内容向学生讲解清楚，教学的重点和难点都是规定好的，教师对教材几乎没有主动权和解释权，一切必须遵照既定的目标和程序进行。所以，我们会看到教师在授课时往往很注重讲课的逻辑性和层次性，追求课堂效率，并且讲课内容通常很少偏离教材。因而，教学"目标明确、结构严谨、条理清晰、时间得当"常常成为评价一堂好课的标准。但是，今天人们对课程的看法变了，尤其是在一次又一次的课程改革以后，人们不再把课程等同于教材，等同于一些静止的、外显的、确定无疑的知识体系，而是把课程看成不断变化和生成的，它不仅包括各门学科的教材，而且包括一些看不见的、说不清的个体经验，甚至连学校建筑、一草一木、标牌警语、制度规则、教师本身等都是课程的一种形态。原先被教师奉为圭臬的教材只是课程的形态之一。即便是教材，在当今日益变化的世界中，其中的很多内容也充满了不确定性，它们在不断地被科技进步及人类的实践活动刷新。例如，多少年来，化学家和大量的教科书在介绍碳的基本形态时，都只提到两种，即金刚石和石墨。这一金科玉律在20世纪80

年代中后期突然被突破了，新的科学发现，碳的家族中还有一位未被发现的新成员，即新发现的富勒体。于是一夜之间，无数的有关碳的物理的、化学的教科书都变得过时了。① 再比如，以前的地理教科书在讲到可可西里时，还把它作为一个神秘的无人区向学生介绍。可是，今天青藏铁路从可可西里横穿而过，我们还能说它是无人区吗？随着科学技术的发展，任何固化的教材都无法体现世界日新月异的变化，每时每刻都有许多内容在变得陈旧和过时。当然，我们并不是要否定人类过去经验的价值，而是要说明我们不能把教材的内容作为亘古不变的真理向学生讲授，更不能迷信教材，而要以开放的态度来认识教材、理解教材和组织教学。

教学过程的不确定性还表现在教学方法上。教学方法是保障教学目标达成、简化教师劳动的重要手段。教学过程是否科学、有效，能否使学生获得最大限度的发展，很大程度上取决于一个教师能否正确选择和使用教学方法。但对于在具体的教学过程中要采取什么方法并没有明确的规定和标准，正所谓"教无定法，贵在得法"。教学过程采用什么方法受很多因素的影响，比如，学科和教材的性质、教师的性格和偏好、学生的特点、现有的教学场所、教学设备和技术手段等，甚至教学时间段和性别这些看似无关的因素也会影响到教学方法的选择。比如，上午的课与下午的课、第一节课和最后一节课的上法往往需要有些变化，如果无视这一点而盲目采用同一种教学方法，即使这种教学方法很新颖也难以保持持久的吸引力，因为学生注意力的特点就是时间短、易变化，尤其是低年级的学生。

所以，对一个教师来说，要找到适合具体某一堂课的教学方法

---

① 袁振国. 教育新理念 [M]. 2版. 北京：教育科学出版社，2007：9-10.

并不是一件简单的事情，也不能通过观摩示范课把别人的方法拿来就用。选择合适的方法本身就是一个反思和研究的过程，是一个创新和发现的过程。教师要综合教材、学生和自身的特点，以及课堂内外的诸多主客观因素才能找到合适的方法，才能轻松驾驭课堂，取得良好的教学成效。所谓"教无定法，贵在得法"，说的就是这个道理。

"立德树人"和学生核心素养等新目标和新理念的提出对教学过程提出了更高的要求。传统的教育观念、课程观念、学生观念、教学组织形态、教学方式方法，甚至是教学的时间和空间都将面临前所未有的挑战；很多习以为常，被认为理所当然的东西都在不断被突破和超越。此外，信息技术的发展也增加了现代教学过程的不确定性。在互联网没有出现的时代，人们获取知识和信息的渠道是非常单一的，基本上限于一些文本阅读和口耳相传的方式。尽管后来随着电视的普及，人们接受知识和信息的渠道有了较大的扩展，但对于绝大部分学生来说，教师差不多是他们获取知识的唯一渠道，至少也是主要渠道，尤其是在那些父母受教育水平不高的家庭中更是如此。教师在学生心目中的"先知"形象和地位不容置疑，所以，"师者，传道、授业、解惑也"。一千多年来，人们对此深信不疑，而教师也正是在师道尊严的文化环境里，凭借其在信息占有和传输上的优势地位掌握着课堂的话语权，控制着整个课堂。但是，今天教学所处的时代背景变了，在一个信息技术飞速发展，以致"知识爆炸"的信息社会中，人们获取知识和信息的渠道大大扩展，教师作为学生知识和信息唯一来源的时代已经一去不复返了。报纸、杂志、电视、电影、互联网……，尤其是网络的发展和普及给学生带来了海量的、多彩的关于世界、科技和社会的各方面的知识与信息。只要你拥有一台连接到互联网的计算机，你所需要的信息可以在几秒钟内、在几次鼠标点击中找到，很多学习过程中遇到的疑难问题也可以通过网络轻而易举地得到解决。由于人的认识能力是有限的，一个人不可能掌握所有与教学内容相关的信息，即使是"百科全书"式的人物，他所拥有的知识和信息量在现代网络世界中也不过是沧海一粟。互联网使传统意义上教师的"先知"地位发生了动摇。

网络使学生获取知识和信息的总量日益增加，并给教学过程带来了越来越多的挑战，原先课堂的"秩序"可能忽然被某个学生所提出的一个"稀奇古怪"的问题打乱，从而使教师在课堂上面临着越来越多的不确定性。记得在网络普及初期，有一位教师上科学课，讲到人的正常体温是36℃—37℃，突然有一名学生举手提问："那人为什么最喜欢生活在22℃—23℃的环境中呢？"这位教师从来也没有想过这样的问题，一时无从回答。幸好这位教师比较机智，他没有立即回答学生的问题，而是把这个问题交给大家去思考，然后把它确定为下一次科学课讨论的问题。试想一下，如果这位教师因为不知道如何回答问题而粗暴打断学生的提问，或者语气嘲讽，或者对学生的问题置之不理，都可能极大挫伤学生的积极性和好奇心。后来，这个问题困扰了那位教师很长时间，他花了近半个月的时间，询问了很多人，包括他的许多同行，甚至是医生和大学教授，也没有得到一个满意的解释。最终，他因无法找到答案而不得不向那个提问的学生摊牌。出乎他意料的是，这个学生竟然早已知道了答案。原来，这个学生的问题和答案都是通过网络知道的，他只不过想借此来考考老师。

事实上，在今天的课堂上，这样的事情已经司空见惯了。随着网络的普及和学生信息技术水平的提高，学生获取知识的渠道越来越多样化，获取信息的量也越来越大，教师所面临的挑战也越来越多。用人类学的话语来表达就是，今天我们正在进入一个"后喻文化"① 时代，教师在很多时候需要向学生学习，特别是在对信息技术和对社会新鲜事物的感知上。

总之，无论是基于知识的本质，还是课程观念的革新，抑或信息时代师生关系的微妙变化，教学过程的不确定性都是现代教学的一个主要特征。这种不确定性既使教学过程充满了变化和乐趣，也使教学过程变得日益复杂和难以控制。正如布卢姆所言：没有预料不到的结果，教学也就不成为一种艺术了。教学过程的不确定性对教师的专业水平提出了更高的要求，教师仅仅依靠自身的知识积累已经很难应付多变的教学过程。课堂教学的不确定性作为一种客观的必然，需要教师重新构建课堂教学观，消除对教学不确定性的错误认识，摆正它在课堂教学中应有的位置，重视对不确定性的开发利用，客观看待和正确处理教学过程中遇到的不确定现象。也就是说，教师必须改变对教学的观念和态度，时刻关注教学过程中的每一个变化，仔细去研究每一篇教材、每一名学生和每一个意义深远的教学事件。

---

① 人类学家米德将整个人类的文化划分为三种基本类型：前喻文化、并喻文化和后喻文化。前喻文化是指晚辈主要向长辈学习；并喻文化是指晚辈和长辈的学习都发生在同辈人之间；而后喻文化则是指长辈反过来向晚辈学习。

第二节 研究是教师专业成长的内在需要

一、走向专业化的教师职业

一提到专业人员,人们总是首先想到医生、律师、工程师,甚至水暖工等,而对教师是否也是专业人员长期以来并没有一致的看法。因为在人们的心目中,教师缺少作为专业人员所应有的技巧、技术,不像医生和律师那样具有不可替代性,充其量也只是准专业人员而已。在传统观念里,人们更倾向于把教师看成"国家公务人员"。所以,在很长一段时间内,尤其是在农村地区,教师入职的资格要求非常低,而且教师来源十分复杂,似乎"人人皆可为人师"。正是这种参差不齐、来源复杂的教师队伍给人们留下了"教师是非专业人员"的印象。

那么,专业究竟应该具有什么样的标准呢?这里首先需要区分一下专业和职业这两个术语的基本含义(见表1-1)。

表1-1 专业与职业的区别

项目	专业	职业
工作基础	工作实践以专门知识和专门技术为基础	工作实践以经验和技巧为基础

续表

项目	专业	职业
工作特征	工作过程需要心智和判断力	工作过程以重复操作为特征
自主权	工作需要自主权	工作需要服从指挥
入职条件	工作者一般需要接受高等教育，学习高深学问和专门知识	一般从业人员通过学徒培训即可
工作要求	工作需要不断更新知识，掌握新工具、新方法	工作中日益熟练和灵巧
获得从业资格的难度	从业资格不易获得	从业资格容易获得
工作目的	服务社会	谋生手段

简单地说，专业就是需要特殊训练和特殊技术的职业，是职业发展的高级阶段。有学者认为，所谓专业，是指需要专门技术的职业。当一群人经过长期的训练，从事这一职业，为社会提供某项专门性的服务时，这群人就成了所谓的"专业人员"。早在1948年，美国教育协会就提出了专业应该具备的八条标准，即：

（1）专业实践属于高度的心智活动；

（2）具有特殊的知识领域；

（3）受过专门的职业训练；

（4）经常不断地在职进修；

（5）视工作为终身从事的事业；

（6）行业内部自主制定规范标准；

（7）以服务社会为最高目的；

（8）设有健全的专业组织。

英国人霍伊尔（E. Hoyle）列举了有关专业的十项特征[①]：

（1）专业一般是一项必需的社会服务；

（2）这种服务不能靠常规的操作，而必须由专业人员按情况做出判断与采取措施；

（3）专业人员必须掌握某方面的系统知识；

（4）此类的系统知识一般需要通过高等教育才能获得；

（5）由于工作的非常规性特点，专业人员必须有足够的自主权，方能提供有效的服务；

（6）专业人员往往有自己的专业组织，并且往往以守则的形式规定专业内部的操守；

（7）专业人员必须经过长时间的专业训练，这类训练也包括专业价值观的修养；

（8）专业价值观的核心，是以服务对象的利益为上；

（9）由于专业的非常规性质，专业人员通常应该对与专业有关的政策有足够的影响力；

（10）由于以上种种理由，专业人员通常拥有较高的社会地位，且获得较高的社会报酬。

将这些特征综合起来，大致可以归纳出构成"专业"的八大要素：完整的知识系统、长期的培养训练、严格的资格认证、较大的自主权利、持续的在职进修、健全的专业组织、良好的职业道德和较高的社会地位。

显然，医生、律师、会计师等职业都具有专业的特征，他们需要掌握专门的知识，需要长期的专门技术训练，需要随着新技术的更新

---

① 程介明，等. 教育行政 [M]. 香港：香港公开进修学院出版社，1997：330.

而不断进行在职培训，他们在为社会提供服务时更加具有自主性。那么，教师的专业性如何呢？霍伊尔在《教师角色》一书中对各种专业进行比较后，将教师专业性概括为如下几个方面：（1）履行重要的社会服务；（2）系统知识的训练；（3）需要持续的理论与实践训练；（4）高度的自主性；（5）经常性的在职进修；（6）团体的伦理规范。[①]

首先，我们从教师的从业标准来看，世界各国都对从事教师职业的人员有着较高的学历要求，而达到这样的学历要求需要长期的专门训练；其次，从事教师职业的人员还需要专门的知识和技能，其不仅需要学科知识，而且还要有将学科知识转化为符合学生需要的知识的能力；再次，即使已经入职，教师在教学过程中仍然需要不断学习和培训，以提高专业技术能力，否则就会被淘汰。因此，从教师职业所表现出来的这些特征来看，教师完全符合"专业"的要求。实际上，联合国教科文组织在《关于教师地位的建议》中早就明确提出："教师工作应被视为一种专门职业。"可见，"教师是否是专业人员"已经不再是一个问题，而且，随着教育教学复杂程度的增加，教学过程对教师专业化程度的需要也越来越高。所以，从20世纪中晚期以来，世界各国都把加强教师的专业特性和专业能力作为教师教育的重要内容。日本早在1971年就在中央教育审议会通过的《关于今后学校教育的综合扩充、整顿的基本措施》中指出，教师职业本来就需要极高的专业性，应当确认、加强教师职业的专业化。在英国，随着教师聘任制和教师证书制度的实施，教师专业化进程不断加快，20世纪80年代末建立了旨在促进教师专业化的校本培训模式。英国教育与科学部还于1988年末颁布了新的教师教育专业性认可标准，指出"在国

---

① 石少岩，丁邦平. 试论英国教师专业发展的理念、现状与变革[J]. 外国教育研究，2007（7）：30.

际教师教育的改革中，教师不是单纯的任务执行者，而是教育的思想者、研究者、实践者和创新者"①。

我国在 1994 年颁布的《中华人民共和国教师法》中也对教师身份做了法律上的界定，即"教师是履行教育教学职责的专业人员"。2012 年 2 月，教育部颁布了《幼儿园教师专业标准（试行）》《小学教师专业标准（试行）》和《中学教师专业标准（试行）》，从专业理念与师德、专业知识与专业能力三个维度分别对幼、小、中三个阶段的教师专业标准做了较为详细的规定。由于幼儿园、小学、中学教师的知识结构与能力结构在大的维度上差异不大，但各个阶段的教育对象和培养目标不尽相同，所以规定在专业技术的一些细节性方面对幼儿园、小学、中学教师提出了不同的要求。

我国从 21 世纪初开始了全面的、大规模的课程改革，在最近 20 年里，基础教育的课程理念、课程目标、课程内容、课程评价方式等不断更新，不仅体现了教学内容随着时代的发展在不断变化，也折射出社会发展对人才培养规格和培养模式提出的新要求。课程改革所引发的知识观、教育观、学生观、教学观的变化对教师专业素质和专业能力提出了新的要求，教师专业水平的高低也成为制约课程改革成败的关键因素。因为不管什么课程，都是通过课堂内教师与学生的互动来完成的，教师主导课程的解释权，"教师即课程"。再好的课程，如果教师的观念不新，教育方法、手段不新，课程的"新"就无法体现。反过来说，如果教师观念新、方法新，即使是旧的课程，也能教出新意。比如，当前许多学校尝试的中国传统文化教育，诸如《三字经》《百家姓》《论语》《学记》等，这些流传千年的传统教育内容经

---

① 教育部师范教育司. 教师专业化的理论与实践 [M]. 北京：人民教育出版社，2001：78.

过教师精心设计后重新焕发出了经典著作的魅力，充分展现了时代特色。所以，课程创新要想落到实处，避免"穿新鞋，走老路"，首要任务就是更新教师的教育教学观念，不断提高教师驾驭课程的专业能力。

二、研究：通向教育家的必由之路

显然，教师作为专业技术人员的身份已经毋庸置疑了，教师专业所需要的知识和能力无论在理论研究上还是在各国的政策领域都有比较清晰的界定，关键是如何获得这些专业知识和能力。

在技术领域，我们耳熟能详的一句话就是"熟能生巧"，所以，我们在医院里看到的专家基本都是年龄比较大的，在一些工厂里看到的专业能手也都有着多年的工作经验。在这些技术领域，长期的经验积累非常重要。从某种程度上来说，他们专业能力的成长与他们在这个领域的工作时间几乎成正比，时间越长，受到的锻炼越多，技术精进得也就越快。那么，这样的情况是否也会发生在教学领域呢？教师专业成长是否也与其工作时长成正比呢？这样的问题显然不能简单地回答。尽管对于任何专业来说，经验都具有非常重要的价值，都是专业成长的基础，但是教师专业毕竟不同于诸如医生和机械师等这些纯粹的技术人员。这些领域专业人员的工作对象、工作情境、技术要求，甚至是工作流程和方法，在很长的时间里都相对比较稳定，因而才会有"熟能生巧"的机会。而教学领域则不尽然，由于教师的工作对象是来自不同家庭、处于成长中的学生，他们是一个个鲜活的个体，每个人的遗传素质、成长环境、经历、家庭背景等都有很大的差异，因而，对每个人的教育方式和教学方法就不可能完全相同，对一个孩子成功的教育方法对另外一个孩子可能收效甚微；在这个班里用得比较好的教学方法，到另外一个班里恐怕很难起作用。也就是说，单单依靠经验来获得教学专业技能技巧是不可能的，"以资历论英雄"在教育行业中也很难行得通。事实上，在教育实践中我们看到过不少在过去辉煌的教师随着年龄的增长而越来越难以适应教育教学改革的要求而最终遗憾地退出课堂的现象。但是这并不是完全否定经验在教师专业发展中的价值，对于入职不久的年轻教师来说，我们仍然需要获得一些经验的支持，在教育教学改革中也需要学习其他人曾经成功的模式和方法，需要在实践中不断探索和积累一些经验。但是教育总体上来说是一个充满不确定性的事业，是一个面向未来的事业，不能总是"回头看"，不能靠重复别人的做法和依赖过去的经验来寻求自身的发展，需要教师有"向前看"的意识，要能够结合自己的实践研究教育教学情境中的新问题、新形势和新要求，从而不断改进自己的教育教学方式和方法。

由于经验在教师专业发展中的功能的局限性，教师需要改变传统的依靠经验的工作方式，不断探索和创新，将研究作为一种工作态度和工作方式，通过研究不断实现经验的积累和转化，促进自身的专业成长。教师在专业发展的过程中可能要经过任务型教师到经验型教师、专家型教师，再到教育家型教师的转变，而通向每一个专业阶梯的最重要途径就是研究，只有教师学会了研究、善于研究才有可能顺利到达这个阶梯的顶端，成长为教育家型教师（见图1-2）。

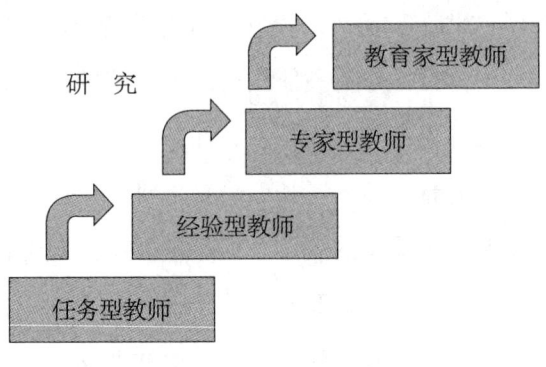

图 1-2 教师专业成长的阶梯

第三节 研究型教师的基本特征

前面已经谈到教师作为专业技术人员的一些基本标准和要求,以及教学专业与其他专业的共性与差异,尤其是在专业发展方式和路径上有其独特的一面,研究是教师获得个人专业成长的重要途径。

那么,区别于一般教师,研究型教师有哪些基本特征呢?

一、有批判精神

研究与一般实践活动有一个很大的不同就是研究都是从问题开始的,问题是研究发生的前提,所以著名科学家爱因斯坦有句名言,"提出一个问题往往比解决一个问题更重要"。没有问题意识,发现不了问题,研究就无法发生。要培养问题意识,首先必须有批判精神,要敢于和勇于怀疑、挑战传统与权威。从某种意义上说,正是批评精神催生了现代科学，并促进了现代科学的不断进步。众所周知，在日心说产生之前，托勒密的地心说曾长期盛行于古代欧洲，占据着自然科学的核心地位，主宰着人们对世界的认识。一直到文艺复兴时期，意大利著名的天文学家哥白尼通过大量的天文观察和实验，发现地心说无法解释很多天文现象，进而提出了完全不同的宇宙理论，即日心说，推翻了在自然科学领域占据千年统治地位的地心说，把人类对世界和宇宙的认识向前推进了一大步，至今"哥白尼式革命"仍然是称颂各行各业巨大变革的最高荣誉。然而"哥白尼式革命"是建立在"哥白尼式怀疑"的基础上的，没有怀疑精神，没有挑战传统权威的勇气，人类对世界的认识至今仍停留在地心说的狭隘框架内。

教育领域同样如此，每一次取得的进步都是从怀疑和批判开始的，从夸美纽斯的班级授课制到帕克的道尔顿制，从大班授课到小组合作学习，都是建立在批判怀疑的基础上，没有这种质疑精神，教育就不会有革新，也不会有今天如此丰富多样的教育教学形态。实际上，从教育发展的规律来看，任何一种教育理念、教育方式和方法既是历史的，也是文化的，都有产生的特定情境，不存在放之四海而皆准的情况，所谓"因材施教""教无定法，贵在得法"说的就是这个道理。因而，我们不能认为教育领域的一切都是既定的、当然的，要善于审视那些习以为常的教育生活，要勇于怀疑和挑战那些一直被认为是正确无误的判断。

当前，大部分教师问题意识不强的主要原因在于他们以为自己对实践太"熟"了，以至于对很多教育现象熟视无睹，也不会觉得其中有什么问题。比如，很长时间以来，人们习惯于一堂课上40分钟或者45分钟，习惯于每堂课上只有一位教师上课，习惯于按照学科划分来上课，习惯于站在讲台上一直不停地说……，诸如此类的"习惯"让我们失去了对这些行为的批判与反思，从而也很难发现其中存在什么问题，而正是由于缺乏问题意识限制了教师们的教学想象力和创新能力的发挥。

随着人类社会的发展，批判精神越来越受到重视，"批判性思维"（critical thinking）、"沟通能力"（communication）、"协同"（collaboration）、"创造性"（creativity）被认为是适应 21 世纪需要的最重要的四种能力。复旦大学的校训是"博学而笃志，切问而近思"。如果一个人懂得了怎样问问题，就等于拥有了一把通向知识宝库的钥匙，他自己就能够不断学到新的知识。因此，教师要养成一种批判意识和批判精神，不能认为一切都是正常的、理所当然的，要善于用审视的眼光去考察日常教育现象，多问自己为什么，这样才能有所研究、有所发现。

二、有反思的习惯

孔子的弟子曾参在《论语·学而》中有一句话"吾日三省吾身"，说的就是人自我反省的重要性。没有自我反省，人很难从过往中总结经验教训，也很难进步。同样，反思对于教师的专业实践活动也十分重要。因为教学不仅是一项实践性很强的专业，而且也具有很强的个体性特征，教师专业效能的影响因素非常复杂，学生家庭背景、班级规模、教学手段、教师素质和教学风格，甚至是上课时间安排都会影响教学效果。这就决定了教师专业知识和技能的获得不可能简单通过模仿或者复制其他人的成功经验来实现，需要回到自身的教学场景去不断总结和反思。早在 20 世纪初，美国著名教育家杜威（J. Dewey）在《我们怎样思维》一书中就特别强调反思的重要性，并引用了大量生活案例来说明生活中的思维问题和进行思维训练的必要性。美国当代教育家唐纳德·舍恩（Donald Schon）更是把教师看成"反思性实践者"，他也是"反思性教学"思想的重要倡导人，"反思"作为一种思维方式和习惯在很大程度上决定了教师专业工作的质量。舍恩对反思是这样描述的："实践者允许自己去经验那些由不确定的、独特的情境带来的新奇、困扰和迷惑。他反思面前的现象，也反思自己行动中先有的理解。他尝试着找到新的理解，改变已有的情境。当一个人在进行行动中的反思的时候，他就变成了那个实践情境的研究者。他不再依靠既定的理论和技术，而是针对当前的独特个案构建新理论。……他不是将手段与目标分离，而是作为对问题情境的界定，用彼此关联的方式来界定它们。他不再将思考与行动区分开，而是自己完成要指导行动的那些决策。因为，行动中的反思可以在不确定或独特的情境中进行，因为它不受技术理性的二分法的左右。"[①]

从实践来看，无论是经验丰富的教学骨干，还是在教学领域崭露头角的青年能手，他们都有一个共同的特点，就是从来不会停止学习，也不会满足于书本上现成的知识，更不会盲信盲从别人的所谓教学妙招，而是不断对自己的教学过程和教学行为进行反思，用自己所学到的专业知识去理性分析、认识教学过程中所发生的一切，并不断总结成败得失，丰富自己的教学认识和实践经验。所以，养成反思的习惯对于教师专业成长意义深远，这既是研究型教师的一个重要特征，也是成为研究型教师的必然要求。

教师要勇于摆脱日常经验的困扰，对看似平常的教学现象保持敏感和反思的意识，才能发现隐藏在教学现象背后的深刻的教育问题。也只有通过日常教学反思，才能"以小见大"，以敏锐的眼光去捕捉

[①] 丁道勇. 唤起教师的理论兴趣[M]. 上海：华东师范大学出版社，2015：25.

那些教学中的细微之处。任何一个人对发展的需要都是从对当下的不满意开始的，这种不满意来源于对自身实践的批判和反思。换句话说，反思是"专业人士"表现出来的一种普遍的素质，也是"专业"生活方式的一部分，甚至有学者提出"经验＋反思＝教师专业成长"的公式。教师对自我或自己的教育教学活动有意识、有目的地进行审视、深思、探究与评价，是教师提高自身教育教学效能和素养的基本方式。美国著名学者史蒂芬·D.布鲁克菲尔德（S. D. Brookfield）在《批判反思型教师ABC》中指出："由于我们从来不可能对自己的动机和意图完全了解，由于我们经常会错误地理解别人对我们行动的感受，那么对我们的实践采取非批判性的立场将会导致我们的人生充满挫折。"[1]

对教学采取批判反思的立场，有助于我们避免掉进经验的陷阱。没有反思的经验是狭隘的经验，它可能是教师专业成长最大的障碍。不加反思地重复已有的教学经验是许多教师专业能力退化、教学效能低下的重要缘由。如果一个教师仅仅满足于获得经验而不对经验进行深入的思考，那么，他充其量只是一个"熟手"、一个"教书匠"而已，永远不会成为研究型教师或专家型教师。因此，只有教师自己才能改变自己，只有当教师意识到自己经验的局限性并通过反思进行批判、调整和重构后，才能形成先进的教育理念和个人教育哲学。下面这个案例就充分体现了反思对于教学的重要意义。

---

[1] 马菁菁，谌启标.教师反思研究与专业成长[J].基础教育参考，2006（11）：35.

[**案例**]

那次，我差点犯错误

人教版《小学数学》教材有一道例题："街心花园中圆形花坛的周长是 18.84 米。花坛的面积是多少平方米？"教学时，我采用尝试法，先让学生独立解答，再集体交流。巡视时，我发现绝大部分同学都想到了先求出圆的半径，再求出圆的面积这种方法。唯独 A 同学列出了这样的式子：（18.84÷2）×（18.84÷3.14÷2）。我思考片刻以后，看不出有什么道理，心想：这孩子真是不动脑筋，怎么会这样列式。集体交流时，看到 A 同学高高举起了右手，我无可奈何地让他报出式子，并听他讲述理由："我是采用上一节课学习的推导圆的面积公式的方法，将这个圆剪拼成一个长方形，这个长方形的长是圆的周长的一半，即 18.84÷2，这个长方形的宽就是圆的半径，即 18.84÷3.14÷2。"

讲得多好啊！我惊呆了，全班同学也都不由自主地报以掌声。他的这种解法，正是在完全领悟了上一节课圆的面积推导公式的基础上得出的，且方法简洁明了，我大大地表扬了他，并给他的星级榜上加了一颗闪亮的金星。

课余，我陷入了沉思：好险啊，我差点犯下了不可饶恕的错误。如果我不是那么民主，如果课堂气氛不是那么和谐，如果我没有耐心听他讲理由，我就扼杀了他的创造性，可能会遏制了他学习数学的兴趣，还可能会影响他整个人生。这该是多么深刻的启示啊——教师要尊重每一个学生，认真推敲学生的每一条意见！让我们了解学生再深一些，全方位、多角度地想问题、预测课堂；也让我们的课堂更民主、更和谐一些，我们要善于引导学生主动地交流学习感受，勇于各抒己见，倾听各种声音。这样，我们的课堂一定会充满笑声，学生会体会成功，并且我们会收到意想不到的效果。①

三、用证据说话的意识

教育到底是科学还是艺术？长期以来人们的看法并不一致，提倡教育是艺术的人更关注教育的多样性、变化性和不可重复性，更关注人的个性和差异性；而提倡教育是科学的人认为教育有不以人的意志为转移的规律性，更加关注人的身心发展的共性特点，更加关注教育内外因素之间的相关性和因果联系，因而在教育过程中一定存在一些所有人必须共同遵守的教育原则和规范，存在着一种最优化的教育教学模式和方法。显然，这些认识都有一定的道理，只不过他们观察教育的视角和内容不同而已。教育既有艺术的成分也有科学的因素，这一点，今天已经为大多数人所接受，因为离开了科学来进行教育无法回答如何更好、更有效地促进人的发展的问题，而离开教育的艺术性则无法实现教育的创新性、多样性，更无法实现因材施教和人的个性化发展。所以，争论教育是科学还是艺术在今天看来意义已经不大了，关键是在具体的教育实践中如何平衡艺术和科学的关系，如何实现艺术和科学的有机融合。是艺术因素多了还是科学因素多了？哪一个因素的缺失或不足影响了教育教学效能的发挥？

众所周知，在教育发展的历史中，重视教育的艺术性由来已久，一方面可能受制于人们对教育本身的认识，一方面也是由从教者的素质所决定的，在对教育专业化要求和从教者专业化程度很低的时代，教育的科学性不仅难以受到应有的重视，实际上也很难实现。随着科

---

① 杨小微. 教育研究的原理与方法 [M]. 上海：华东师范大学出版社，2002：213. 略有修改。

学和教育自身的发展，人们对教育规律的认识，特别是对人的身心成长规律的认识都在不断提升。在什么时候、针对什么样的人实施什么样的教育、采取什么样的方法更有效就是教育教学必须面对的问题。原先那种经验型的、粗放式的，甚至是漫无目的、一厢情愿的教育教学无法适应教育发展和人的发展需要，因而提高教育的科学性就是教育走向科学化的根本需要。

科学是严谨的，是可检验的，是以事实和证据来说话的。教育既然属于科学的范畴，教育活动的过程就需要依照教育规律来发生才能更好地促进人的成长，而不能任意为之。所以，教师对教育教学就要心怀敬畏，要慎重对待教育过程中的一切习以为常的现象和问题，认真研究影响教育教学质量的各种因素，探索各种因素之间的相关性，从而找到更合适、更有效的教育教学方法，也就是说，教育的科学性要求教师要做一名研究型教师，而要做好研究型教师就需要有证据意识，要自觉地为自己的教育教学寻找合规律的路径和方法。从某种程度上说，今天发生在教育教学过程中的许多矛盾、问题绝大多数都是因为我们对教育过程中的规律认识不清、把握不够，甚至偏离和违背了教育规律。

有了证据意识，教育教学过程就会多一些理性和科学性；而缺少证据意识则导致教学过程中出现随意性和盲目性，从而最终导致教育教学的低水平重复，事倍功半。一些毫无根据的、低效的教育教学行为已经成为教育生活的常态。比如，男女有别是一个生活常识，但是在中小学阶段，男女学生的差别究竟表现在什么地方，有哪些差别会影响到我们的教育教学方法，等等，这些才是支撑有效教学的最好证据，但是绝大多数老师并不清楚这些因素，也没有根据这些因素去设计和改进教学，结果教育教学就停留在常识层面上裹足不前。多少年来，很多教师都非常感慨，有些孩子就是比别的孩子难教，不服从规则，爱捣乱，做作业拖拉，打游戏成瘾，尤其是在一些男孩身上表现非常明显，殊不知这实际上与男女大脑生理结构有着密切的关系。如图1-3所示，有了性别意识以后，男孩子相对于女孩子而言大脑结构有很大的差异，占据大脑最大部分的是对异性的兴趣，其次是食物和电脑游戏，喜欢交朋友和运动也占了相当大的比例。而我们老师和家长最关注的作业、对生活的思考和未来规划只占了很小的一部分。所以，你就会看到在不能按时完成学校布置的作业的学生中，男生总是占多数，因为作业在他们大脑里从来不是最重要的任务。那么如何让他们更好地参与到学校生活中，如何让他们轻松快乐地学习，就需要教师很好地根据他们的大脑生理结构特点，科学设计教学内容和方法，科学布置作业。比如，在运动中学习、在合作中学习、在游戏中学习可能会取得更好的教学效果。

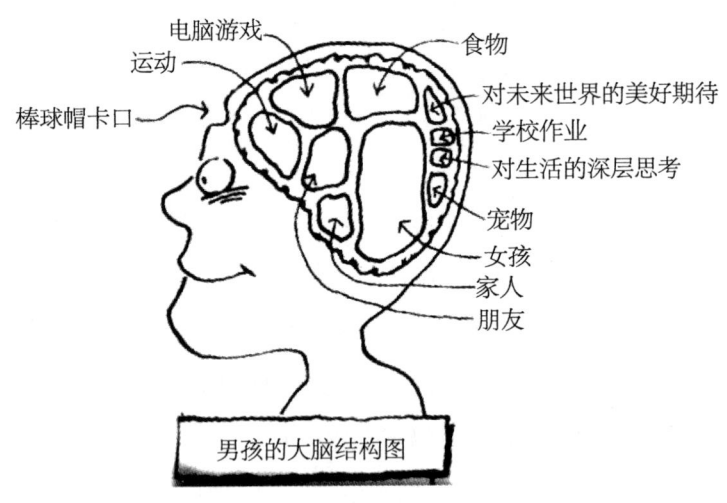

图1-3 青春期男孩的大脑结构[①]

---

① 比达尔夫.养育男孩（最新版）[M].丰俊功，宋修华，译.北京：中信出版社，2010：86.

当然，像这样有助于教学设计的例子还很多。众所周知，19世纪末，德国实验心理学家赫尔曼·艾宾浩斯（Hermann Ebbinghaus）在经过大量的实验以后发现了人的记忆和遗忘规律，他发现遗忘在大脑输入信息以后就开始了，且随着时间的推移逐渐遗忘，表现出先快后慢的特征，也就是在学习知识最初的一段时间里，人们能记住的内容最少，遗忘的速度最快，这就是著名的艾宾浩斯遗忘曲线（见图1-4）。这条曲线对于我们认识人的记忆规律是非常有启发的，为教师在教学过程中何时重复和巩固提供了很好的证据。但是实践中很少有老师会自觉根据这条遗忘曲线的原理来安排复习和巩固，基本上都是依靠自身的经验和感受，所以，学习效果就要差很多，虽然中国很早就有"温故而知新"，但是"温故"也要尊重科学规律，也要讲方法，把握时机，才能很好地为"知新"奠定基础。

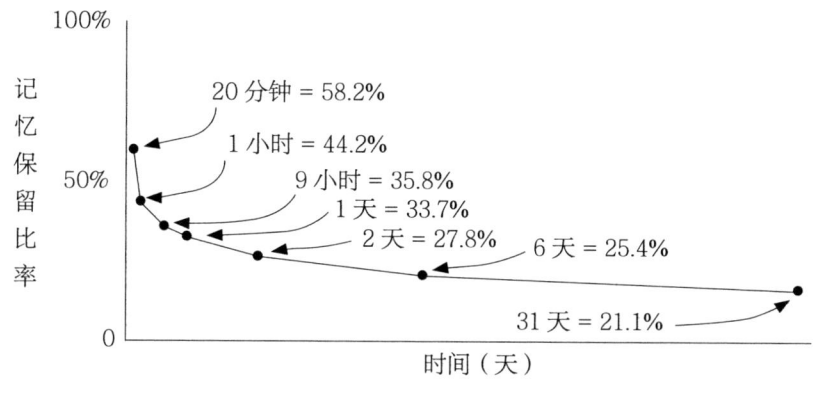

图1-4 艾宾浩斯遗忘曲线[①]

今天，国内讨论有效教学已经成为一个热点和趋势，很多学校也都创造了所谓有效教学的模式，比如"三三六""721""1715"等，

---

① 皮连生.教育心理学[M].3版.上海：上海教育出版社，2004：61.

各种课堂教学模式花样不断翻新，仿佛一夜之间大家都找到了有效教学的规律，却很少有人能够拿出足够的证据来说明为什么这种模式比其他模式效果更好、效率更高。那么有效教学到底是怎么发生的？它有哪些认知上的机制和规律？早在20世纪初，苏联著名教育心理学家维果茨基（Vygotsky）就提出了"最近发展区"理论，他认为学生的发展有两种水平：一种是学生的现有水平，就是当前学生独立解决问题的水平；另一种是学生可能的发展水平，也就是通过教学或者其他帮助所获得的解决问题的水平；两者之间有一个中间地段，这个地段就是最近发展区。这个理论很好地解释了学生接受知识的心理机制，从而也为教学的有效开展提供了科学依据。因而无论教师要教授什么内容、采用什么方式教授都要先搞清楚学生的最近发展区在什么水平上，然后让教学在学生的最近发展区里发生，才能确保教学的有效性。低于学生最近发展区水平的教学，虽然让学习很愉快，但是不会获得发展；反之，高于学生最近发展区的教学，会让学生学得非常吃力，甚至无法接受。所以，过于简单的学习、超前学习都不是理想的学习状态。

当然，像这样可以用于改进教学的科学证据举不胜举，关键是教师如何才能确立基于证据进行教学的意识，把那些有关人的记忆、认知、思维、道德发展的科学研究结论，以及在人类的教育实践中积累的、大量被证明有效的经验作为自己教学的证据是确保教学过程科学化的重要前提，也是从经验型教师走向研究型教师的必由之路。

四、有总结提升的能力

研究是一种理性和科学的工作方式，与零碎的经验性工作不同的是，研究本身是一种规范的行为方式，是用理论、概念、逻辑和方法来思考问题、陈述问题和解决问题,所以更加注重思维与行为的结构化和系统性。批判和反思是研究型教师的日常行为方式,而批评和反思就是对自己实践工作的总结,就是不断思考日常教育现象背后的本质,不断探索发现造成教育问题的诸多因素的复杂关联。因此,对于同样的教育现象和问题,研究型教师更能把握其实质和关键,更能提出独到的观点和有效的解决办法,而不是"人云亦云""头痛医头,脚痛医脚"。他们善于用理论工具和概念来表达对教育问题的看法,能够从日常教育教学中总结出一些规律性的认识,也能够把一些在教育过程中看似孤立的各种因素进行关联,并在教育教学中自觉应用这些关联,从而在工作中表现出更强的探索性和创造性。

研究是有目的的,是问题导向的,也是更注重效果的。研究型教师不仅在思维方式上和工作方式上与众不同,而且在总结方式上也表现出非同凡响的能力,对于教育现象和问题,他们不仅能"看明白",而且还能"说明白",能够很好地把自己的研究发现和研究成果准确、清晰地表达出来,为同行提供借鉴。

◎ 思考题

1. 你如何理解教学过程的不确定性?
2. 为什么说研究是通向教育家型教师的必由路径?
3. 研究型教师有哪些基本特征?
4. 你如何认识教学的科学性?

|第二章| 行动研究:教师研究的基本定位

  教育研究不应该是专业人员专有的领域,它没有不同于教育自身的界限。实际上,研究不是一个领域,而是一种态度。

——布科海姆

第一节　如何理解教师研究

随着教育改革，特别是课程和教学改革的推进，传统的教育观念、教学观念和人才观念发生了巨大变化。教学的目的不仅是要向学生传授既成的知识，而且要让学生了解知识生成的过程和方法，更重要的是要培养学生的情感、态度和价值观；学习是学生主动探究世界的过程；学生和教师一样是教学活动过程的主体；教师不再是知识的传授者，而是教学过程的组织者和引领者……。这些新观念的提出不断冲击着传统的教学领域，学校遇到了越来越多的挑战。与此同时，教师需要面对和处理的教学问题也越来越多、越来越复杂、越来越具有挑战性。以往那种依赖经验，以不变应万变的"招数"使教师在充满变化的教学领域显得力不从心，这就需要教师以开放进取的心态不断研究新情况、解决新问题。教育科研也随课程改革的春风迅速吹遍祖国的校园，一时间，几乎所有的学校都喊出了"科研兴校"的口号。时至今日，"科研"已经成为中小学教育教学改革的关键词，无论你走到哪所学校，他们都会把学校的"科研"成绩单作为学校工作的亮点，堆积如山的各类文件和档案向你展示了学校科研的丰硕成果，教师仿佛一夜间都变成了研究者。

一、关于教师研究的种种认识误区

应该说,当前广泛开展的中小学教育科研的确在很大程度上为中小学教育发展做出了不少贡献,尤其是对新课程的推广和有效实施产生了积极的影响。但与此同时,由于缺乏正确的科研价值观和明确的指导思想,中小学教师对研究的认识还存在不少误区。

(一)教师研究是"科学研究"吗

一提到研究,人们总是会首先想到复杂的设计、麻烦的抽样、堆积如山的量表、庞杂的数字、令人迷惑的统计分析,甚至浮现出一些科学实验的图景。在人们的印象中,研究是件很神秘、很复杂的事情,总是需要许多特殊的工具和方法,需要在特殊的环境中才能够进行,似乎教师研究也应该如此。这种"教师研究等同于教育科学研究"的观念使教师群体产生了两方面的分化。一方面,一部分教师对研究产生了畏难情绪,甚至以"研究是专业人员的事情"为借口对学校科研活动进行抵制。另一方面,也有不少教师把研究神圣化,认为既然是科学研究,那就得谨慎行事,不能造次,要研究教育中"有价值""有影响"的问题,因而不顾自己的能力和条件所限,一味地贪大求全。结果,很多教师在庞杂的问题面前,要么浅尝辄止,要么半途而废,即使偶有恒心者,勉强做到底,若发现自己的研究成果对改进教育教学并没有什么帮助,也会有挫败感。

所以,把教师研究等同于教育科学研究,把研究过分神圣化,都脱离了中小学教育教学的实践,既不可能找到真正要研究的问题,研究成果也难以在中小学教育教学中得到普遍推广。

（二）教师研究就是报课题、做课题吗

研究与课题相结合是一件很好的事情，也是科学研究的常规做法，其意图主要是通过课题立项的方式为研究提供资助和支持。但研究并不等于课题，没有课题同样能够开展很好的研究，而且，许多研究都是在研究者的兴趣激发下自发完成的。但是，当前很多教师都把研究与课题直接联系起来，一提研究，就认为是申报课题、做课题。许多教师追求课题立项的荣耀，以承担所谓"国家级""省部级""地市级"，甚至"校级"科研课题为目标，似乎只有承担课题才能开始做研究，只有承担课题才能被别人所认可。一时间，"校校有课题、人人有项目"成了潮流。应该说良好的课题设计的确有助于学校集中资源研究发展中遇到的重点和难点问题，也有助于教师厘清思路、确定研究方向，并在一定的财力和政策支持下系统化地开展研究。但是，作为课堂实践者的教师，课题并不是其研究的代名词。由于中小学教师研究的问题主要是从教学情境中产生的，更多属于一种微观的、随意性的和偶发性的研究，很多问题极具个别性的特征，不具有普遍性和推广性，而这些问题往往对于个体教师来说又是非常有价值的，是教师研究不可忽视的内容。比如，王老师在上数学课时发现总有一个学生打瞌睡，但这个学生在其他教师的课堂上并没有出现这种现象。这个学生对于王老师来说就是一个极具研究价值的个案。只要王老师坚持对这个学生进行系统的观察和研究，就一定会有答案。而王老师大可不必为此小题大做，非要申报个课题不可。

（三）教师研究就是发表论文或著书立说吗

一些学校为了促进和激励教师做科研，多采用物质奖励或与职称

评定相挂钩的方式鼓励教师写论文、发表论文。这些做法原本无可厚非，但一些学校在实践中却过于偏激，强迫教师每天写教学反思，然后交给学校编成论文集。所以，今天无论你走到哪所学校，只要他们开展过科研，往往都会有堆积如山的教师论文和各式各样的文字材料。有的学校甚至把教师是否发表过论文作为当年教师考核和职称晋升的标准之一，而且对教师发表论文的杂志级别也做了要求。这样一种论文取向的教育科研对教师产生了严重的误导，使教师把教育研究简单地等同于写文章，也常常使一部分教师不再关注课堂，不再关注学生，也不再冷静下来认真地思考教学过程并精心地设计教案了，而是整天忙着查找资料，写文章，追求"妙笔生花"。这种"文章型"研究掺杂了许多虚空和功利的东西，结果，文章越写越多，而教学却越来越糟。有的教师甚至为了发表一篇论文，不惜动用各种社会关系，到处寻找杂志编辑，有的甚至不惜重金雇佣"枪手"，花钱买文章。其结果是大量平庸的文章充斥市场，严重破坏了教师作为研究者的形象，也破坏了正常的教学秩序。

对于一个专业研究人员来讲，我们也不能把发表论文作为衡量研究者是否在做研究和研究水平高下的唯一指标。对于许多特殊领域的研究者来说，论文只是研究的附属性成果，而对于大多数研究者来说，论文或著作都只是研究成果的一种表达方式，中小学教师亦如此。

中小学教师的研究是在充满变化的鲜活的教育场域中发生的，有其自身独特的表现形式。案例、反思、叙事、日志、档案、教师的公众号，甚至是与学生和同事的交流等，都是教师研究的表现形式。教师的所思、所想、所感、所悟并不是单纯规范的文字和严密的逻辑所能够承载的，刻板的叙述、烦琐的论据既无法生动反映教学过程的千变万化，也不是教师能够轻易驾驭的表达方式。教师许多有价值的研究往往是缄默的,不需要以文字的方式来说明,而教师、学生变化了的行为就是教师研究成果最合适的注脚。

(四)教师研究是少数人的业余爱好吗

在传统的教学生活领域,教材、教学内容、教学方法都少有变化,教学目标往往是为了追求更高的学业成就,教师教学活动的整个过程基本上是教师独立完成的,很少与同事之间发生教学上的联系,教师不需要太多的变化就能用"以不变应万变"的方式完成教学任务。因此,多数教师都把研究当成纯粹的个人业余兴趣,与教师课后所从事的其他活动没有多大区别。

如果教育科研是属于个人兴趣的事情,那么就没有必要让大家都去做。一所学校只要有几个研究型教师就够了,如同大学里的大师,都是学校的"名片"和"旗帜"。这种认识使学校科研活动变成了少数几个教师的"表演秀",结果是"少数教师做科研,多数教师看科研"。绝大多数教师对教育科研采取旁观的态度,没有意识到教育科研活动对于自身专业发展的价值和意义。

(五)教师研究是学校的"政绩工程"吗

行政推动是中小学教育科研发展的主要动力和支持机制,但由于教育行政人员特别是一些中小学校长对教师研究的内涵和方式并不十分理解,对教师参与研究的价值和意义也不十分清楚,因而,在一定程度上存在着把"学校科研"看成"学校政绩工程"的倾向。所以,贪多求全、造声势、盲目追求轰动效应,还没有做出多少成绩时,就不断向社会宣传,接受各种观摩和采访,校长把教师科研作为向社会宣传自己的一块广告牌,使得教师整日忙于应付公开课、各种方式的研究讨论，以及写日志、写论文、写教学反思和教学笔记，等等。结果，既占用了教师大量的时间，又加重了教师的工作负担。

显然，如果学校不能从根本上改变对教育科研错误的看法和态度，教育科研很可能会在实践中"变调"。这样的行政推动不仅无助于学校科研的开展，反而会严重伤害教师参与科研的积极性。

总之，教师研究不是要做艰深的理论探讨，不是非要课题立项或者关起门来著书立说，也不是一两个科研骨干的"自留地"和教师独立表演的"科研秀"，更不是一场轰轰烈烈的教育运动和学校的政绩工程，而是教师在日常的教学实践中，在与同事的合作中不断地、自觉地发现问题、解决问题的过程，是教师追求自身专业成长的过程。

二、教育研究的内涵与分类

教师对待教育科研的态度与教师对"研究"的认识有关。那么，什么是研究？在研究取向、方法和路径等方面有何区别？这一系列问题都需要在教师真正开始研究之前做进一步的澄清。

（一）什么是教育研究

"研究"这个词在一般人眼中是一件十分正规和严肃的事情，有时还多少有点神秘，因而，多数人对于"研究"都采取敬而远之的态度。其实，研究在日常生活中无时不在、无处不在。一个小孩蹲在路边观察蚂蚁如何搬运食物，家庭主妇探索一道新菜的烹饪方法，农民根据天气变化、旱涝情况确定当年种植作物的时间和种类……，凡此种种，都是研究。同样，教师细心地观察一个孩子的学习情况、记录一个孩子的成长过程、寻找孩子学业成败的原因，也是一种研究；而科研人员在特定仪器的帮助下发现人类基因的结构和类型、社会调查人员用特制的问卷和表格调查人们的生活满意度等，又是另外一种研究。可见，研究是分层次、分类别的，既有广义的研究，也有狭义的研究。从广义上来说，我们可以把对未知事物的探索过程都称为研究，比如，上面提到的小孩观察蚂蚁搬运食物、家庭主妇探索新菜肴等。一般来说，这种广义上的研究比较随意，既没有理论上的特别要求，也没有方法、工具和程序上的特别规定，它可以随时发生、随时结束。可见，广义的研究更多是指对待未知事物的一种态度。而狭义的研究则是指学术研究或科学研究，如上面提到的人类基因研究和生活满意度研究等，这种研究一般来说比较规范、严格，对研究人员的理论基础及研究的方法、工具和程序都有明确的规定。

那么，如何理解教育研究？实际上，教育研究也有广义和狭义之分。从广义上讲，教育研究可以看成教育工作者对待教育的一种态度。当一个教师准备走上讲台之前，如果他不是把教材、教学程序、教学方法看成机械的固定不变的模式，而是从了解学生入手，对已有的教学内容经过恰当的筛选和加工，然后选择合适的教学方法，这种过程本身就是一种研究。而从狭义上来看，教育研究属于规范研究的一种，是基于一定的观念、方法和途径对教育问题的一种探究、研讨过程。

（二）教育研究的分类

我们可以按照不同的标准将教育研究分成许多不同的类别。

1. 按照研究目的进行划分，可以分为基础研究、应用研究和开发研究

所谓基础研究，就是研究教育的事理，揭示教育活动本身所固有的法则或规律，也称"纯研究"或"理论研究"，其目的在于发展和完善理论。通过研究，寻找新的事实，阐明新的理论或重新评价原有理论。基础研究与建立教育科学的一般原理有关[①]，例如，关于教育功能、教育目的和教育本质等理论问题的研究，都属于基础研究。

应用研究是将基础研究所揭示的法则或规律运用于教育实践活动，以直接指导或改进教育实践活动，提高教育实践活动的有效性与合理性。应用研究可以说是基础研究成果在教育实践中的延伸。比如，关于课堂中合作学习的研究、关于综合课程的教学研究、关于学生道德认知发展状况的研究等，都属于应用研究范畴，这些研究是对现有的有关合作学习、综合课程和道德认知理论的实践检验。

基础研究旨在认识世界，增加科学知识本身，一般不需要考虑研究结果能在什么地方付诸实践，也不一定会产生直接有用的结果；而应用研究则旨在改造世界，根据已有的理论解决某些特定的实际问题，为实践者提供直接有用的知识。

开发研究，又称发展研究，是指运用基础研究和应用研究的成果，为解决教育改革和发展中的问题而创造性地提出或制定可操作的方案、计划、对策及建议等。比如，关于学校发展规划问题、关于教师激励方案的制定等研究。

三种研究类型之间有这样的逻辑关系，基础研究回答的是"是什么"，应用研究回答的是"做什么"，而开发研究回答的是"怎么做"。[②]

2.按照分析方法进行划分，可以分为定性研究与定量研究

定性研究是指研究者运用历史回顾、文献分析、访问、观察、参

---

① 裴娣娜．教育研究方法导论[M]．合肥：安徽教育出版社，1995：10．
② 韩吉珍．研究性学习与中小学教师的教育研究[J]．教育理论与实践，2003（7）：59．

与经验等方法获得教育研究的资料,并用非量化的手段对其进行分析,获得研究结论。[①]近几年来,我国有不少学者提出了一种新的社会科学研究方法,即"质的研究",实际上,如果不做太细致的划分的话,它与定性研究没有太大的区别。按照北京大学教育学者陈向明的说法,质的研究是以研究者本人作为研究工具,在自然情境下采用多种资料收集方法对社会现象进行整体性探究,使用归纳法分析资料和形成理论,通过与研究对象互动对其行为和意义建构获得解释性理解的一种活动。[②]

无论是定性研究还是质的研究,都具备以下几个方面的基本特征。

(1)把自然情境作为资料的直接来源,而且研究者将自身作为收集资料的主要工具。

(2)研究者更关心的是研究的过程而不是研究的结果和产品。

(3)在分析资料的过程中倾向于用归纳法进行自下而上式的分析,而不是演绎的方法。

(4)研究者非常注意参与者的看法,以及参与者是如何解释他们自己的看法的。研究者经常从被研究者的角度出发,了解和体验他们的思想、情感、价值观、行为的意义及被研究者的解释。

定量研究是一种对事物可以量化的部分进行测量和分析,以检验研究者自己关于该事物的某些理论假设的研究。定量研究有一套完备的操作技术,包括抽样方法、资料收集方法、数字统计方法等。其基本步骤是:研究者事先建立假设并确立具有因果关系的各种变量,通过概率抽样的方式选择样本,使用经过检验的标准化工具和程序采集数据,对数据进行分析,建立不同变量之间的相互关系,进而检验研

---

① 袁振国. 教育研究方法 [M]. 北京:高等教育出版社,2000:137.
② 陈向明. 教师如何作质的研究 [M]. 北京:教育科学出版社,2001:12.

究者自己的理论假设。①

但是，定性研究和定量研究并无孰优孰劣之分，在很多情况下，两种研究是同时使用的。

3. 按照研究内容进行划分，教育研究又分为价值研究和事实研究

价值研究要回答的问题是：因为什么、为谁、什么目的、许诺什么、多大风险、应优先考虑什么等。价值研究的基本目的是确认某种目的是否值得为之争取，采取的手段是否能被接受以及改进系统的结果是否良好。比如，教师在教学中应该优先考虑和照顾哪些人，应该采用什么样的标准来评价学校的发展，等等。

事实研究也叫行为研究，要回答的问题是是什么、在什么时候、到什么程度等。事实研究对事物、事件、关系和相互作用等进行描述、观察、计数和测量。事实研究要求研究者把尊重客观实际放在首要地位，一定要注意排除各种干扰和主观因素，尤其不能依据个人或上级的价值观念臆造事实。比如，调查一个班级里的师生关系状况，调查某个学生的家庭教育方式，等等。

三、教师研究与专业研究的区别

从教师和专业研究人员同时作为研究主体来看，上述的每一项研究对于两者来说并没有什么区别，但由于教师研究是在教育教学场景中发生的，而且教师又相对缺乏一些研究所需要的理论和方法准备，所以，教师研究与专业研究还是存在一定的差别的，特别是在研究定位、研究任务和研究目的上。

---

① 陈向明. 教师如何作质的研究[M]. 北京：教育科学出版社，2001：15.

首先，中小学教师的基本任务是搞好教学，教学是教师一切工作的出发点。教师研究既来源于教学又服务于教学，是为了提高教学质量，促进学校发展，从而最终为学生发展服务的。而专业研究者的研究则是为解决学术发展过程中所遇到的重大理论和实践问题服务的，其主要目的在于推动该领域的学术发展。

其次，一般而言，中小学教师在培养过程中大多没有接受过系统严格的关于学术研究的理论、方法和技术的训练，因而，不可能从事比较复杂的、大规模的研究，也不需要回答教育发展中的重大理论问题和实践问题。教师研究的问题相对来说比较微观、具体，研究的方法和程序也相对简化。而对于受过系统的、严格的学术训练的专业研究者来说，在研究的理论、方法和程序上都有比较严格的要求。

最后，研究型教师在研究中往往承担着双重角色。一方面，教师是研究的主体，需要不断地观察教学过程中所发生的一切现象和问题。另一方面，教师自身又是自己研究的客体。由于教学过程是师生之间的互动过程，教师往往需要在教学活动现场思考自身行为与学生行为之间的关系。因而，教师自身的教育教学行为也是教师研究的主要内容。而专业研究者的角色相对比较单一和固定，研究对象和研究者之间的界限是比较清晰的。尽管在许多人类学和社会学的研究中，研究者也可以进入研究现场，但研究者在精神上和思想上仍然是独立的。研究者必须以自己敏锐而独特的"嗅觉"来感知和分析研究场域所发生的一切，而研究者自身的行为与研究对象行为之间并不存在密切的互动关系。

由于作为研究者的教师与专业研究者存在着知识结构和角色上的这些差异，因此，中小学教师的教育教学研究与学术研究存在着许多不同。两者既有不同的问题域，也有不同的研究目标和任务，并且要

遵照不同的研究方法和程序。(见表 2-1)

表 2-1 教师研究与专业研究的区别

	教师研究	专业研究
研究目的	提升教育教学水平，获得教育教学专业能力，促进教师、学生和学校发展	发展或检验假设，解释或预测，产生可推广的结论
研究人员	一线教师为主，学者、专家提供支持，注重人员民主参与和合作协商	学者、专家为主，其他人员协助
研究基础	不需要太多的研究积累，以个体经验为主	需要相当程度的研究积累，且要求一定的学术基础
研究问题	来源于教学实践	来源于理论和实践两个层面
研究方法	多阅览可用的二手资料，概括了解周围取样，不要求代表性，要求针对性，一般采用简便易行的方法收集资料	广泛阅览一手资料，全盘了解，抽取具有代表性的样本，采用具有信度、效度的测量技术
研究设计	比较松散，在研究过程中可随时修改，不太关注控制无关变量和减少误差	严谨设计，控制无关变量，根据计划，按步骤严格实施，重视研究的信度和效度
资料分析	简单分析，多呈现原始资料，注重实用性	分析技术复杂，呈现分析后的资料，多强调统计显著性、推理一致性或事件深层意义的诠释
成果表现形式	成果表现形式多样，依实际需要而定，无统一格式	论文、著作、研究报告为主要成果表现形式，有严格的学术规范要求
成果应用	强调实用性和对教师个体的意义	注重结果的意义、理论的显著性和可推广性

日常教学实践中，由于大部分中小学教师对教师研究的含义、性

质、形式和功能的认识都不太清楚,因而不能与学者的专业研究区分开来,存在着许多认识误区,这些认识上的误区影响了教师对教学研究的态度,多数教师要么对"研究"顶礼膜拜,要么消极抵制。总之,对学术研究和教师研究不做区分的状况和态度成为制约广大中小学教师顺利开展科研的一个重要前提因素。

当然,以上对教师研究和学术研究所做的区分只是相对的,两者并不存在截然不同的界限。就研究的本质而言,无论是小孩蹲在路边观察蚂蚁搬运食物,还是教师观察分析一个学生课堂行为的变化,都与上述所提到的诸如人类基因研究等学术研究是相同的。

四、实践性:教师研究的基本特点

专业研究者主要从事理论研究和基础研究,同时兼顾应用研究和开发研究,这些研究,特别是前者追求科学知识的新发现和科学理论体系的构建。而对于广大中小学教师而言,由于直接面对教育实践中的实际问题,研究主要以应用研究和开发研究为主,着力解决教育教学中的实际问题。相对于专业研究者的个体式研究而言,教师研究更多地采用同事之间的合作研究;在研究方式上,也更多地表现为一种行动研究。正如林崇德先生所描述的,教师参与教育教学研究的特点是"面向实际、站在前沿、重在应用、加强合作"[1]。日本学者佐藤学也认为"对教学的研究原本就是'实践性研究',其主体是教师。教学研究的目的在于改进教学,其内容在于实践性问题的解决"[2]。

由此可见,实践性是教师研究的基本特点,主要表现在以下几个

---

[1] 林崇德. 学习与发展:中小学生心理能力发展与培养[M]. 北京:北京师范大学出版社,1999:541.
[2] 佐藤学. 课程与教师[M]. 钟启泉,译. 北京:教育科学出版社,2003:230.

方面。

1. 研究目的上的"应用性"

教师研究的主要目的是解决教育教学中的实际问题，寻求解决问题的方法与改进性的措施，从而提高自身的专业素养，最终提高教育教学质量、促进学生发展。因此，教师研究的目的带有极其鲜明的应用指向和实践指向。

2. 研究成员上的"群众性"

毋庸置疑，教师是教师研究的主体。教师研究并不需要高深的理论和技巧，是所有教师都可以参与的，也是所有渴望发展的教师应参与的。因而，教师研究是一种"群众性"的研究活动。但是，教师研究的"群众性"特点并不意味着只有教师才能参与教师研究。实际上，教师研究的"群众性"特点还有另外一种含义，就是参与者的多元化。由于教师研究的场景和对象、教师自身的专业知识结构和研究方法的局限性，教师研究并不是教师独自的"悟道"过程，还必须与同事、与专业研究者，甚至与学生和家长合作，才能顺利地开展研究。

3. 研究内容上的"实用性"

中小学教师从事研究的主要目的不是发展教育理论，也不是验证某个重要的研究假设，而是解决教育教学过程中所遇到的具体问题。一言以蔽之，教师研究就是"发现问题、分析问题、解决问题"。从根本上说，教师研究意味着教师对自己教学实践的一种考察、反思和改进，它最大的现实意义在于可以让教师理解实践中的现象与问题，从而通过自身的行动找到最佳解决方案。教师从事教育教学工作，不应当是盲目的、主观的，而应当以研究的态度来对待，使教育教学变得更加科学有效。正是从这一意义上说，追求"实用性"成为教师研究的主要目的。

4. 研究方法上的"简易性"

专业研究者的研究具有较强的目的性、计划性和严密性，在开始研究之前一般要进行周密的研究规划和研究设计，并审慎选择理论视角、研究方法和分析技术。而一线教师的教育教学研究则更多地表现出自发性、即时性和情境性的特征，因而，没有太多的理论指向和技术要求。恰恰是这种看似"粗糙"的研究保证了教师研究的真实性和可操作性。所以说，教师研究在方法上具有简易性特征。但是，"简易"不等于"简单"，不能不尊重方法的规范性和科学性。教师要想通过研究发现真问题，得出比较客观的结论，摸索出比较有效的解决问题的途径，就需要在研究方法上狠下功夫，使自己的研究尽可能摆脱主观经验的控制，走向科学化的道路。

5. 成果表达上的"灵活性"

教师研究基于对教学实践的反思，是教师专业态度和专业行为的一种反映。由于学科背景、知识结构、年龄层次以及表达方式的差异，不同教师在研究的方式和方法上也大相径庭。其研究结果的呈现方式也不一而足：有的擅长通过论文来表达自己的研究成果，有的喜欢以教学日志的方式记录研究的轨迹，还有的喜欢在个人公众号上与大家分享研究经验和收获。因而，对于教师研究成果的表达方式，我们不能提出统一的要求，尤其是不能以一种方式来苛求教师。符合实际的做法，就是根据教师个人特点和喜好，倡导灵活多样的教师研究成果表达方式，这样才能使教师研究充满活力。

6. 评价方式的"发展性"

专业研究追求有形的、外在化的研究成果，比较关注研究成果的理论价值和应用价值。因而，人们评价某个专业研究是否有价值，往往根据其规范程度、研究观点被同行接纳或为决策者所采纳的程度来判定。由于教师研究更多地指向个体实践，以追求教师个体教学效能的提高为目的，因而，评价教师研究成果不能按照专业研究的标准来判断，更不能以专业研究人员的研究范式来排斥甚至否认教师的研究及其成果的价值。评价教师研究成果的价值应以是否促进了教师个人的专业成长，以及是否促进了学生或学校的发展来衡量，其评价方式应是发展性的，而不应是结果性的，要充分体现出教师专业成长循序渐进的特点。

第二节　行动研究的内涵与基本过程

教师知识结构、生活场景、专业任务和研究目标的不同，决定了教师研究的独特性。教师研究既没有专业研究者那样的规范性和普遍性，又有别于教师日常生活中经验总结的随意性。从研究的取向来说，教师研究的应用性、实践性、群众性、简易性、灵活性和发展性都说明了教师研究更具有行动研究的特征。

本节，我们将具体介绍行动研究的内涵、特征和过程。

一、行动研究的内涵

"行动研究"是一个舶来品，最初始自美国的柯利尔（J. Collier）。柯利尔在1933年至1945年担任美国印第安人事务局局长期间，为探讨改善印第安人与非印第安人之间关系的方案，让局外人士参与到研究过程中来，与他和他的同事合作，他称这种方式为"行动研究"。[①]

20世纪40年代以后，美国社会心理学家勒温（K. Lewin）对行动研究进行了比较系统的阐述，指出了行动研究作为一种问题解决策略的目的、方法和步骤，其步骤至少包括以下三个部分：（1）分析问题、搜集事实；（2）制订行动方案，执行方案，然后搜集更多的事实并予以评价；（3）整个过程螺旋前进、循环重复。在勒温看来，行动研究就是实践者以研究者的姿态在研究中积极反思和改变自己的境遇，因而，反思、参与、民主、合作等都是行动研究的特征。

早期的行动研究主要应用于社会学领域，它对于社会活动具有极为独特的价值。由于教育活动与社会活动的密切联系，行动研究方法很快受到教育研究人士的关注。20世纪50年代，美国哥伦比亚大学师范学院院长考瑞（S. Corry）等人积极将行动研究方法引入教育领域，并于1953年出版了《改进学校实践的行动研究》一书，这本书系统地论述了教育中应该如何开展行动研究。"所有教育上的研究工作，经由应用研究成果的人来担任，其研究结果才不致白费。同时，只有教师、学生、辅导人员、行政人员及家长、支持者能不断检讨学

---

① 袁振国. 教育研究方法[M]. 北京：高等教育出版社，2000：210.

校措施，学校才能适应现代生活之要求。故此等人员必须个别及集体采取积极态度，运用其创造思考，指出应该改变之措施，并勇敢地加以试验；且须讲求方法，有系统地搜集证据，以决定新措施之价值。这种方法就是行动研究法。"①

由于考瑞等人的努力，教育行动研究方法在美国得到了广泛应用。但是，到了20世纪60年代中期，因为教育研究方法中技术性因素的扩展和教育行动研究自身在观念和应用上的模糊性，人们动摇了先前对行动研究的笃信。70年代以后，教育界在关于教育理论与教育实践的关系、研究者与教师的关系等方面进行了激烈的争论。在此次争论过程中，行动研究再次成为人们关注的焦点，而且扩大为一种国际性运动，澳大利亚、英国、德国、奥地利、西班牙、印度、尼泊尔、菲律宾、斯里兰卡、泰国、中国台湾地区等都开展了各种形式的"行动研究"②。1975年，英国课程论专家斯腾豪斯（L. Stenhouse）首次提出了"教师即研究者"的观点，不仅改变了以往人们对教师的传统观念，而且也为行动研究奠定了重要的理论基础。斯腾豪斯认为："教师是教室的负责人，而从实验主义者的角度来看，教室正好是检验教育理论的理想的实验室。对那些钟情于自然观察的研究者而言，教师是当之无愧的有效的实际观察者。无论从何种角度来理解教育研究，都不得不承认教师充满了丰富的研究机会。"③ 在他看来，教育科学的理想是，每一个课堂都是实验室，每一名教师都是科学共同体的成员。后来，舍恩进一步提出了"教师作为反思的实践

---

① 郑金洲，等. 行动研究指导 [M]. 北京：教育科学出版社，2004：10-11.
② 袁振国. 教育研究方法 [M]. 北京：高等教育出版社，2000：211.
③ 高慎英. 教师成为研究者："教师专业化"问题探讨 [J]. 教育理论与实践，1998（3）：31-32.

者"的思想，这为行动研究的发展注入了新的血液。

然而，在整理行动研究发展历史的过程中，我们发现，学者们对于行动研究的界定争议颇多，并没有达成一致见解。比如，《国际教育百科全书》把行动研究定义为："由社会情景（教育情景）的参与者，为提高对所从事的社会或教育实践的理性认识，为加深对实践活动及其依赖的背景的理解，进行的反思研究。"[①]行动研究的主要倡导者、英国的艾略特（J. Elliott）认为："行动研究旨在提供社会具体情景中的行动质量，是对该社会情景的研究。"英国的另一位行动研究者朗特里（D. Rowntree）认为："行动研究是对某种情境所进行的批判性研究，其目的不只是在于增加科学知识的储量（也许有应用于未来情境的意图），也要导致所研究情境的实际提高。"他把"行动研究"和"应用研究""开发研究"看成一回事。澳大利亚学者卡尔（W. Carr）和凯米斯（S. Kemmis）将行动研究界定为"是由实践工作者在社会情境下展开的自我反思的探究，目的是提高他们自己的实践、他们对这些实践的理解、这些实践得以展开的背景的合理和公正"[②]。

尽管人们对行动研究的定义众说纷纭，莫衷一是，但仔细比较，仍然不难发现不同学者在理解上的共性，即强调行动研究的情境性、参与性，实践者的计划性、理性和批判性，以及对实践的改进作用等，只是不同学者论述的角度和侧重点不尽相同。美国学者迈克南（J. Mckernan）在总结前人研究的基础上，对行动研究做出了一个比较概括性的定义："行动研究是在一个特定的困难情境中的反思过程，在这个情境中，人们试图提高实践或个人理解。实践工作者开展研

---

① 张民选. 对"行动研究"的研究 [J]. 华东师范大学学报（教育科学版），1992（1）：63.
② 郑金洲，等. 行动研究指导 [M]. 北京：教育科学出版社，2004：11-12.

究，首先明确地界定困难；其次，确定行动计划，包括提出假设、检验假设和面对困难所采取的行动，接着进行评价以监督和确立所采取的行动的有效性。最后，实践工作者反思、解释、改进自身行动，同时与其他行动研究者交流研究结果。行动研究是实践工作者开展的系统的自我反思的科学探究，其目的在于改进实践。"[1] 应该说，这个定义比较接近今天我们对行动研究的理解。

那么，行动研究与其他研究方法有何区别呢？国外有学者提出了七条标准：（1）具有教育作用；（2）把个人作为社会群体的成员；（3）集中于问题，有独特的背景，并且是未来取向的；（4）包含引起变化的干预；（5）以改进和参与为目的；（6）包括一个循环的过程，其中研究、行动和评估是相互联系的；（7）建立在这样一种研究关系的基础上，其中有关人员都是变化过程的参与者。[2]

根据行动研究的定义及其与其他研究方法的区别，我们可以引申出对教师行动研究的理解。教师行动研究特指一线教师单独或者组成研究小组，为改进、提高自己的教育教学实践而进行的行动研究，它是一种公开、系统的反思活动。研究过程中，教师与专家的关系不再是知识生产者和知识消费者的关系，而是研究的共同参与者。教师或者教师小组是研究的主体，对研究问题的确定、研究进度的安排、研究方案的实施等事项具有决定权。尤其需要说明的是，行动研究不仅是一种研究方法，更是一种教师对待自己工作的态度，是一种教师不满足于已有经验，勇于超越经验且敢于否定权威和批判权威的意识，

---

[1] Mckernan, James. Curriculum action research: a handbook of methods and resources for the reflective practitioner[M]. London: Kogan Page Limited, 1991: 5.
[2] 布拉克斯特，休斯，泰特. 怎样做研究[M]. 2版. 戴建平，蒋海燕，译. 北京：中国人民大学出版社，2005：78.

也是教师由单子化运动的工作方式迈向合作的工作方式的开始。

二、行动研究的特征

行动研究的主要特点首先表现在"行动"上，所以，有学者将行动研究简要地概括为"为行动而研究""对行动的研究"和"在行动中研究"。

所谓"为行动而研究"，是指行动研究的主要目的在于提高行动的效能，改进实践。独立的知识体系本身不是行动研究所刻意追求的，它只是研究、解决具体问题的工具和衍生物。如果说"为行动而研究"是"实践中心"的话，那么，"对行动的研究"则表明行动研究是一种"以问题为中心"的研究形式。但是，行动研究的问题与我们一般研究中所讲的问题是有所不同的。一般研究中的"问题"是相对固定、明晰，具有普遍性和代表性的，而行动研究所研究的"问题"是在特定的场景中不断生成的，是随着行动和研究的深入而不断深化的、充满个性化的"具体问题"。这一特点决定了教师在进行行动研究时，不需要僵硬地遵守某种严格的程序，也不需要有比较熟练和精致的研究方法，只需要有对教学实践问题的高度敏感性和适时调节研究方法的应变能力。"在行动中研究"，是指行动研究既不是在实验室里进行的，也不是在图书馆里发生的，而是在研究者具体的工作场景中展开的。从事行动研究的教师既是研究结果的产出者，也是研究成果的应用者，也就是说，行动研究的过程实际上是教师本身的一个"学习过程"。正如柯雷（M. Corey）在总结自己的行动研究经验之后所说的那样，"行动研究是学习的一种途径"。也正因为如此，行动研究作为教师专业成长的一种途径越来越受到人们的关注。

从以上三个方面对教师行动研究进行概括还显得比较抽象，要真正理解教师行动研究的内涵还必须将它与一般的教学行动区别开来。事实上，当前的教学实践也确实存在把行动研究泛化的危险。由于对行动研究的过程和方法都不太清楚，教师往往会把一些简单的日常教学行动也看成行动研究，其结果是教师的行动研究显得非常表面化和形式化，难以深入下去，也没有对改进教学产生应有的作用。

如果说行动研究与一般研究的区别在于"行动"，那么，它与一般教学行动的区别则是"研究"。作为研究的教学行动表现出明显的科学研究的一般程序和范式上的特征。

（一）行动的自觉性

教师的一般教学行动可能更多是任务性和经验性的。任务性的教学行动是外力作用的结果，不是教师自发的理性行动。而经验性的教学虽然受教师内在因素影响比较多，但这种行动是自发的，来自教师的潜意识。如果这种经验恰巧与教师所处的问题情境相吻合，那么，这种经验性行动对于改善教学来说就会产生促进作用；反之，就会带来消极的负面影响。因而，经验性的教学行动不会考虑到教学场景的变化，以"不变"应"万变"，其结果有可能导致教师的固执己见，以至于故步自封而不能适应充满变化的课堂教学的需要。与之相反，行动研究是教师理性的、自觉的行动，这种自觉性我们以下面的案例来加以说明。

[案例]

小班化课堂教学策略的研究

一、问题的提出

当今时代，人们对提高精神文化水平、追求优质教育产生了强烈的需求，小班化教学正是满足人们对优质教育资源需求的一条路径。研究表明，教师的视野覆盖范围一般不超过 25 人，超过这个范围，教师的关注就会"顾此失彼"，超过人数越多，顾不到的学生就越多，结果导致精力有限的教师只能"抓两头带中间"，即比较多地关注学优生与学困生，其他学生只能"带过"。这正是群体教育貌似公平中最大的不公平，因为在群体教育中成绩一般的大部分学生常被忽略了，而"小班化教学"人数在 30 人之内，改变了传统教育的模式，强调师生之间、生生之间、内容与方法之间等诸多方面的和谐互动，每个受教育者平均所能得到的教育和关爱时间也将随之增加。

然而在教学实践过程中，由于教师的教育观念尚未转变，对小班化教学认识不够，虽然在班级的规模上实现了小班化，但教学实践中有关如何促进小班学生认知水平提高的策略并没有改变，缺乏小班化教学条件下教育的灵活性、变通性，这既导致了教育资源的浪费，教育教学效果也没有得到显著提高。探索小班化教学实践，开展各科课堂教学研究，着重抓住对以书本知识为主，教师为中心以及传授灌输为主要特征的课堂教学策略进行根本性的改革。强调以学习者为中心，以学生自主活动为基础的新型教学过程，创造学生主动参与的机会。这也是本研究要解决的问题。

二、研究意义

研究此问题的意义在于：第一，通过研究能加大学生在课堂教学过程中的参与度，启迪学生的思维，激发教师工作的积极性，促进课堂教学效率的提高。第二，作为一个实践活动整体的师生交互作用着的动态过程的研究，小班化课堂教学策略的研究具有推进小班化教育乃至推进课程改革的全局性意义。第三，在研究的过程中，主要探讨具有以学生为中心、以学生主体活动为基础的体现综合性、可操作性、灵活性、创造性的原则和策略，能促使小班化教育朝着科学化方向发展，同时也是保障素质教育推进的积极举措。

三、概念界定

小班是一个班级学额概念，指的是针对以往的大班型教学的弊端缩小班级规模后较小的班型。

小班化教育是以促进青少年全面和个性均衡发展为目的，在缩减班级学生规模的基础上，按照其特有的内在价值和教育教学规律，通过对包括教学内容、教学方法、教学组织形式、教学实施过程、教学策略和教学模式等的改革而形成的一种班级教学活动形式。

教学策略是在教学目标确定以后，根据一定的教学任务和学生的特征，有针对性地选择与组合相关的教学内容、教学组织形式、教学方法和技术，形成的具有特定意义的教学方案。

四、国内外相关研究情况概述（略）

五、研究方法

本课题遵循行动研究的路径与方法，研究者本人将直接参与大小班的教学，在此过程中采用问卷和访谈的方法了解教师和学生对不同班额下教学策略的评价，并采用案例研究和比较分析的方法寻找当前小班教学中存在的问题，探讨适合学生需要的小班教学策略。

六、研究计划

2006年10月—11月　　查阅、整理文献资料

2006年12月—2007年2月　　访谈与问卷调查

2007年2月—3月　　与专家或同行合作，整理和分析资料，撰写研究报告

2007年4月—2008年4月　　提出工作改进计划与策略，实施工作改进计划，汇报工作的改进成果

（由时任黑龙江省哈尔滨市解放小学杨小弘校长撰写）

从这个案例中我们可以看到，作为行动研究者的杨校长对于研究的自觉意识，这已经与日常教学行动有了很大的不同。

1. 行动之前的周密计划

杨校长发现他所在的学校班级规模的缩小并没有带来教学质量的提高。

那么，到底是什么因素影响了小班化教学效率的发挥？她决定根据自己学校的情况进行细致的研究。因此，她设计了一个研究计划，从文献梳理、班级抽样、方法选择、时间安排、研究进度到最终研究成果都做了周密的布置。显然，这与随意的一般教学行动有明显不同，它表现出行动研究明确的目的性和计划性。

2. 追求计划的合理性

行动研究注重计划，这种计划不是超越了研究者可能的未来幻想，而是研究者在基于当前个人及实践条件下的一种合理构想。杨校长无意去做全国范围内的小班化教学研究，也不是要探究小班化教学模式在理论上的合理性，而是根据自己所掌握的理论和资料，以及时间上的可能性，从自己工作的学校里选择个案进行研究。这就使研究计划更有合理性，研究方案也更具可操作性。

3. 主动寻求理论和实践经验的依据

行动研究作为一种研究范式，需要理论和实践的支持，研究者应以客观的态度和科学的方法来搜集证据，以阐述自己的研究假设和研究观点。就像杨校长一样，她不是主观地判断小班教学的优劣，而是通过访谈和问卷调查去分析师生对小班教学的基本观点，通过文献研究分析有关小班教学研究的欠缺，从而确定了将教学策略作为小班化教学研究的突破口，并根据实践选择了大小班进行对比研究，以找到二者在教学策略运用上的差异。

4. 行动过程中有意识地监控自己的行为

行动研究的计划性还表现在研究者在行动过程中的理智和清醒，他会不断有意识地监控自己的行为，观察自己的行为结果是否会产生明显的效应。当然，这种监控自己行为的方式可能是多种多样的，既有可能是研究者通过反思实现在理性上的自我监控，也有可能是聘请外部专家和同行进行交流与对话，以指导自己的行动。比如，杨校长在计划中就明确地提出了要与同行和专家合作，要把自己的行动研究及时拿出来"汇报"，听取他人的意见，以便及时校正自己的教学行为。

（二）注重反思性实践循环

[案例]

化学教师为何害怕上科学课

课程改革把物理、化学、生物、自然、地理五门课程整合为一门综合课程——科学课，由各授课教师共同上这门课。许多化学教师非常害怕上科学课，这是为什么呢？

一个化学教师的自然状态

这一次,我们选择了一名从事化学教学十年的科学教师,看看他在自然状态下是怎样探究生命科学的。我们根据教学进度选择了一堂典型的生物课例《探究花的结构》,采取推门听课的方法,了解其真实的课堂情境,以便有的放矢地开展课例研究。

从课堂观察来看,该教师的教学流程是:复习旧知——导入新课——通过桃花模型讲解花的结构——学生动手探究花的结构——指导学生对照书了解小麦花的结构。由此可见,本课的教学目标是:认识花的结构,学会独立解剖花。

尽管教师讲解详细,也采取了分组教学和实验探究的方式,但学生反应冷淡,气氛沉闷,场面混乱。课后调查,我们发现学生满意度低,教学目标落实不到位。

为什么会出现这样的局面?我们帮助这位教师反思:专业知识不牢固,没有自信心,时刻担心出错,因而课堂不敢放开;不善于从学生身边开发课程资源,局限于教材,教材上以桃花为例,但实际上本地不常见到桃花,而且此时桃花早已凋谢,因而学生学而无味;讲解过多,学生缺少探究时间和探究机会,探究变成走形式;课堂容量小。

这些问题实际上也是科学课堂中存在的普遍问题。

改进中的问题发现

我们科学教研组由5人组成,其专业背景分别为化学(2人)、生物(2人)、物理(1人)。

我们各抒己见、献计献策,商讨出的对策是:先丰富专业知识,找来人民教育出版社的《生物》和高等师范院校新世纪教材的《植物学》,弄清相关链接,做到"先知先觉";接着开发乡土资源，学校所在地沙坪乡遍布栀子花，结构与桃花相似，可取代桃花作为教学范例；联系生活实际，学生基本上是农家孩子，此时，各家菜园里有大量的丝瓜花、黄瓜花、南瓜花，可以进行探究。建议教师事先去菜地实地考察、学以致用。如一朵花的雄蕊被害虫吃掉了，那么，这朵花还能不能结果？为什么有的银杏树能结白果、有的桑树能结桑葚，有的却年年都不结果？除此而外，还需加强学生的合作学习，分组制作和汇报花的标本和结构等。在此基础上，这位教师重新进行了教学设计。

通过几位教师的集体备课，我们又组织了第二次教学实践。此次教学既出现了可喜的变化，又产生了新的问题。学生的积极性得到了空前的提高，课堂上气氛十分活跃；学生参与性强，个个动手解剖花；花的种类繁多，学生几乎都带来了花；课堂上合作意识大大增强，满足了被尊重的需要和集体荣誉感。但突出的问题是课堂组织混乱，基础知识和基本技能落实不够，课堂不紧凑，完不成应有的教学任务。

我们再次组织了小组集体讨论，这位教师也进行了自我反思。其他教师提出了许多好的建议。如减少花的品种，选择三到五种有代表性的花即可；增加几道紧密联系生活实际的课堂练习题，如栀子花未开放时最外层的保护结构是什么，能结南瓜的花是什么花；教师应适当写一些板书，使探究的主题线索更明了；小组探究花的结构时，教师要注意有效指导，并注意帮助有困难的学生等。

适时指导引发质的提升

通过自我反思、同伴互助进行的教学设计是否能达到比较高的水平呢？我们邀请了教科院专家、特级教师、区教研室主任、教研员等人员来参与我们的第三次实践。

这次实践在时间把握、课堂容量、教学理念上都比前两次有了较大的提高。专家们对一名化学教师能上出这样高质量的科学课给予了充分的肯定，一致认为这节课是比较成功的。"学生情绪、活动面、深度都比刚开始课改时有了很大的进步，符合科学课的特点，在做科学中学科学。""按传统的讲授法，顶多五分钟就够了。学生自己像科学家一样去实验发现，整个过程都在做；密切注意到师生互动，注重了学生生活、农业实际。""如有些树结果，有些树不结果，非常实际有用。"当然，专家们也提出了一些修改建议。第一，在关于"子房被破坏后能否结果"的讨论中，学生发言虽非常积极，但有对有错，教师应引导得当，要去抓学生在探究中的思维闪光点，提高驾驭课堂的能力；第二，有了正确的答案，就不应该要学生"课后去查资料"；第三，科学方法的教学仍需加强，"虽注意了但还不够"，如使用仪器，大多数的学生方法不妥，用什么方法，从哪里入手，应进行引导；第四，花的雌蕊只有一个，但当学生看到南瓜花却是一个雌蕊三个柱头时，可引导学生"进一步观察，有几个雌蕊？"；第五，科学课普遍存在的问题，即教学容量，"学生讲得差不多了，就可以不讲了，不要没有深度地讲下去"，这样，才可以有效地利用教学时间。

在专业引领下，我们再次进行了反思，修改教学设计，组织了第四次实践。这次实践教师进步非常大，基本上解决了上述问题，可以说这位化学教师通过这四次实践，在科学课的教学上有了质的提升。

成就他人也是提高自己

开展以校为本的课例协助研究,我们发现这是培养科学教师迅速成长的途径。我们觉得这种基于问题的专题形式的课例研究可以使不同专业背景的科学教师能较快地胜任科学教学,毕竟,科学师资力量的壮大除了依靠自身学习、专业引领外,更主要的是校内教师资源的相互利用,就如四个人吃四种水果,每人只能吃一种,但如果把一种水果分成四份,每人就可以吃到四种不同的水果了。同行不能是冤家,同事们积累了许多实践经验和丰富的教学素材,因此,我们提倡科学教师之间的主动合作,创建学习共同体。我们既要重视集体合作备课,更要勤学好问,各学科背景教师应充分合作互补,互惠互利,做到能者为师,共同提高。①

1. 关注问题解决过程

与一般的研究只关注问题和结果不同,行动研究的一个重要特征是对问题解决过程的关注。在上面案例中,教师们主要想了解科学教师应怎样引导学生"探究花的结构"。为此,他们进入课堂观察科学教师的整个教学流程,以发现该教师对教学目标的设定、把握,使用的方法和手段,学生的反应以及教学目标的达成等,充分体现了行动研究关注问题解决过程这一特点。

2. 对问题解决过程的反思

"尽管教师讲解详细,也采取了分组教学和实验探究的方式,但

---

① 王景. 化学教师为何害怕上科学课 [M]// 罗炜. 教育叙事研究. 北京:首都师范大学出版社, 2005:16-18. 略有修改。

学生反应冷淡，气氛沉闷，场面混乱。课后调查，我们发现学生满意度低，教学目标落实不到位。为什么会出现这样的局面？我们帮助这位教师反思：专业知识不牢，没有自信心，……课堂容量小。"教师在课堂教学"探究花的结构"时采取了分组和探究的方法，但并没有收到预想的效果，由此引发了教师对自己教学技能和教学策略的思考。

教学场景充满了变化，因而，教师行动研究不仅要关注教学过程中不断发生的问题，而且要关注教师自身对问题的反思、采取的解决措施及效果。

3. 在行动过程和结果中注意发现新问题，开始新一轮行动、观察、反思

教师行动研究的过程是开放的，是一个没有终点的螺旋式循环上升过程。教师在对自身教学过程和结果的检讨中应不断发现新的问题，并开始新一轮的行动、观察、反思。在上面的案例中，教师通过与同事的合作，采用分组合作探究和就地取材的方式解决了先前科学课教学中课堂气氛沉闷与学生参与积极性不高的问题。但是，解决过程中又出现了一些新的没有预料到的问题，如课堂组织混乱、基础知识和基本技能落实不够、课堂不紧凑、完不成应有的教学任务等。教师对此再次进行反思，并积极采纳同事建议，对课堂内容进行删减，调整教学策略，使课堂不仅充满了活力而且有条不紊，最终有效地完成了教学任务。

（三）注重客观证据

研究与一般生活活动相区别的一个主要特征就是研究所表现出的理性。也就是说，研究活动主要不是依赖于个人的主观感受和主观判断,而是注重收集材料和数据,以客观证据来说明某一观点或现象。比如,当你要做出某个学生学习积极性不高这一论断时,你就不能仅凭这个学生有一两次作业未交或听课不认真来进行主观判断,而是要首先搞清楚用什么指标来衡量学生的学习积极性,此后借助这些指标进一步发现这个学生在哪些方面表现欠佳,找到这些方面的客观证据后再做出理性判断。这就是以研究的态度来分析问题和解决问题,而不是仅凭直观感受或主观臆断。

(四)合作的公开性

行动研究并不意味着教师一个人的"单打独斗"和"孤军奋战",也不是关起门来处心积虑地写什么传世之作,而是在教学实践中与同事齐心协力一起行动和研究。教师要想通过行动研究来解决课堂问题,促进自身专业水平的提高,仅仅依靠个人反思是不够的,还需要集思广益,以开放的胸怀和坦诚的态度邀请同事或校外教学专家参与,在交流和合作中共同探讨和解决教学过程中的问题。因此,教师需要主动公开自己的研究设计、研究方法、研究过程和研究结果,要不断接受来自外部的质疑和批判。正如斯腾豪斯所言,"如果教师希望改进他的教学,可以录制教学过程,或者邀请同事进入课堂作为观察者,如果可能的话,还可以邀请一位校外观察者来考察学生的理解力并将其作为合作研究的基础"。在上面科学课教学的案例中,化学教师先是组织小组讨论,让同事们对自己的课堂设计提问题,讨论的结果是课堂内容减少了,与当地的生活实际结合得更紧密了,课堂任务更加明确,教师课堂关注的视野也更加开阔了。为了进一步确认课堂设计的科学性,该教师再次邀请省教科院专家、特级教师、区教研室主任、教研员等参与讨论,进行指导,专家们又对他在课堂时间把握、课堂容量、教学理念上提出了一些新的建议，再一次提高了科学课的教学质量，也由此进一步提升了教师个人的专业能力。

（五）成长性

知识生成的逻辑性、人的身心发展的规律性，决定了教学过程是一个与知识生成和人的身心发展内在吻合的科学过程。任何一个细小和微妙的变化都会改变教学发生的路径，从而产生意想不到的结果。因此，教学过程不仅需要教学实践者有精湛纯熟的教学技能，而且需要有高超的教学智慧，去时刻发现和把握课堂领域的细微变化。而这些教学技能和教学智慧都是需要教师在行动研究的过程中不断通过对自身教学的反思，以及在与他人的合作中得以提升的。教师的这种成长性也正是行动研究追求的目的之一。

总之，行动研究既是一种方法也是一种思想，而且是一种贴近教学的方法，它不断为教师提供理性而科学的决策，有助于提高教学的有效性。

三、行动研究的基本过程

行动研究的概念提出以来，很快成为教师开展教学研究、提高教师专业能力的主要手段。但关于行动研究具体如何开展目前并没有定论，很多研究者基于不同的理论假设和问题取向，提出了很多种不同的研究模式。比如，勒温提出，"行动研究的起点应该是对问题的'勘察'——界定与分析；行动研究应该包括对计划及其实施情况的评价，并在这种评价的基础上加以改进；从总体上看，行动研究的进程是一个螺旋循环的过程"[①]。后来，凯米斯进一步拓展了勒温的行动研究程

---

① 袁振国. 教育研究方法 [M]. 北京：高等教育出版社，2000：214.

序，认为行动研究的核心就在于"由计划、行动、观察与反思等环节构成的、螺旋式推进的循环过程"①。

英国教育学者艾略特也是行动研究的主要倡导者。他认为，许多研究者不知道如何开展行动研究，是因为他们往往不清楚从哪里开始或者说是无法划定研究的范围，因此，确定"行动场"非常重要。确定了"行动场"以后，行动研究者需要对"行动场"的状况进行诊断，理清其中的问题，确定研究对象。然后，研究者才可以制订研究计划，开始"行动"。由于真实的"行动场"是不断变化的，因此，研究行动要因地制宜，研究方法和手段要非常灵活，要随着研究场景的变化及时进行调整；同时，研究者每一次行动实施后，都应该对行动的结果进行观察、反思和评价，从而为制订新的研究计划做好准备。为此，艾略特为行动研究者构建了一个包括六个步骤的研究程序。②

第一步，诊断或发现问题。行动研究中坚持用批判的态度对待"行动场"中每一个看似平常的问题，并进行深入探究分析，了解社会情景状况，发掘问题。

第二步，小组研究分析。通过小组合作的方式对发现的问题进行初步讨论，讨论结果可以作为制订总体行动计划的参照。

第三步，拟定整体计划。这是对研究的宏观把握，即研究者根据研究的目标和研究的问题，以及自身的资源条件等因素设计整体研究蓝图，并对研究中可能会遇到的制约因素有充分的准备，以便及时修改和调整计划。

第四步，设定具体方案。将整体计划分解成若干部分，每一部分可能会遇到哪些问题，对每一个问题设定什么样的干预策略，具体方

---

① 郑金洲，等. 行动研究指导[M]. 北京：教育科学出版社，2005：34.
② 同① 39.

法有哪些。

第五步，采取行动。这是整个行动研究的核心，也是行动研究成败的关键。它包括了三个方面的基本内容：一是对实际情境的干预，二是对干预行动的评价，三是将每一步行动与研究的整体计划结合起来，以对最初的宏观设计进行监察与控制，并根据研究需要修改研究计划。

第六步，评价与改进。这是行动研究的总结阶段。一是总体评价，即评价研究行动是否达成了既定的研究目标。二是对研究过程中的每一个步骤进行评价，即反思研究者在目标设定、问题发掘、策略和方法选择中是否还存在问题，以及导致这些问题出现的原因是什么，下一步应该如何做。

我国学者陈桂生也提出了一种对于教师来说简便易行的行动研究模式，它包括五个基本环节，即课题选择、课题设计、研究计划实施、研究报告撰写和回顾总结（见图2-1）。

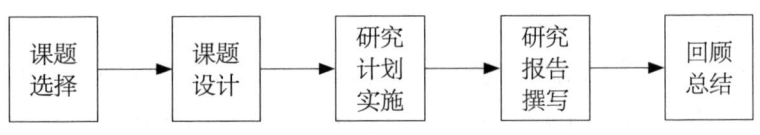

图2-1 行动研究模式

当然，行动研究模式还不止这些。不过，不同模式之间也存在一些共性。比如，面向现实场景，发现问题、提出假设或预设研究框架、实施行动、检验行动等差不多是所有模式中都涉及的基本环节或步骤，只不过在表述上和具体安排上有些变化而已。行动研究过程的这些要素又与杜威的思维五阶段——"情境、问题、假设、推理、检验"有异曲同工之妙，正如一些研究者认为的那样，行动研究在某种程度上可以说是杜威理论的延续或者说是具体化。只不过行动研究不是杜威所说的逻辑推理,而是更加注重收集证据,并且更加强调合作,强调同行或其他"局外人"对于问题解决的意义。最重要的是,行动研究不仅是一种具体的研究方法,更是教师的一种专业生存方式。

下面我们以一个具体的案例来阐述行动研究的基本步骤。

[案例]

小学阶段写字分层教学的行动研究[①]

一、问题的提出

（一）实际工作中的问题与困惑

在低年段语文教学中,我们发现大部分学生作业本上的字写得不端正,还有的作业本被学生用橡皮擦得又黑又脏。学生写字时,心总是静不下来,总是匆匆忙忙写完作业就交上去了。大部分学生的书写态度很差,握笔方法也不正确,影响了书写质量。

（二）问题的聚焦与定位

关于小学低年段写字分层教学的行动研究。

（三）解决问题的意义

语文课程标准对低年级学生的写字做了明确的规定：要初步感知汉字的形体美。养成正确的写字姿势和良好的写字习惯,书写规范、端正、整洁。写字是小学语文教学的基础内容。通过长期的写字训练,能使学生受到美的感染,培养他们一丝不苟、爱好整洁等良好习惯,有助于提高他们的道德文化素养和审美情趣。

[①] 胡小曼,等. 小学阶段写字分层教学的行动研究 [M]//汪利兵,等. 教育行动研究：意义、制度与方法. 杭州：浙江大学出版社,2003：280-291. 有改动。

二、问题的归因

（一）问题在班级中的严重程度

对学生进行问卷调查，结果如下：

（1）针对"你写字时，有没有按照老师教的正确方法执笔？"一问，学生的不同回答所占比例分别是：

有。	34%
有时有，有时没有。	53%
没有。	13%

（2）针对"你写字时，有没有认真观察字的间架结构和书写位置？"一问，学生的不同回答所占比例分别是：

有。	31%
有时有，有时没有。	55%
没有。	14%

（3）针对"写完作业时，你有没有进行检查和修改？"一问，学生的不同回答所占比例分别是：

有	45%
有时有，有时没有。	40%
没有。	15%

（4）针对"你在家写作业与在学校一样认真吗？"一问，学生的不同回答所占比例分别是：

一样认真。	41%
在校比在家认真。	42%
在家比在校认真。	17%

（5）针对"你对目前的书写水平满意吗？还想进一步提高吗？"一问，学生的不同回答所占比例分别是：

满意，还想提高。	69%
满意，不想提高。	4%
不满意，想提高。	27%

（6）针对"你喜欢写字吗？"一问，学生的不同回答所占比例分别是：

喜欢。	85%
不喜欢，也不讨厌。	12%
不喜欢。	3%

由问卷调查可见，大部分学生喜欢写字，想提高自己的书写水平，但毕竟年龄尚小，无法长期坚持。大部分学生还没有掌握正确的书写姿势和方法。

（二）产生问题的原因

1. 书本理论

（1）年龄特征。由于小学低年级学生年龄较小，集中注意的时间较短，不能长时间集中自己的注意力，这一现象在写字中表现尤为突出，难以做到有始有终。

（2）生理特征。6—7岁儿童由于手指骨骼尚未发育好，导致执笔不正确，坐姿不端正，从而影响书写质量。

（3）兴趣因素。对于低年级的学生来说，不可能一开始就对写字产生兴趣，还需要培养。

（4）技能因素。技能是在完成某种任务的活动过程中通过学习和练习而形成的。写字是一项动作技能。所谓动作技能，是指主要表现在外部的、比较合理地组织起来并能顺利进行的一系列动作的方式。动作技能的形成可以划分为三个有区别又有联系的阶段：一是掌握局部动作的阶段，这时常有多余的动作并显得紧张，而且要靠视觉协助控制，速度慢；二是初步掌握完整动作的阶段，这时局部动作联合成一个体系，多余动作逐渐减少或消失，动觉控制增强，速度加快；三是动作协调和完善的阶段，这时能够迅速地、精确地、不需要有更多意识加入而做出一套连续的动作。而写字技能的掌握，需要反复练习。孩子由于缺少反复练习，故没有很好地掌握写字技能。

（5）由于社会与家庭有关人员的误导，在部分孩子头脑里存在这样的想法：将来有电脑打字，练不练字无所谓，因而忽视了书写的重要性。

2. 同行意见

以上几点都有可能，但还与孩子的天赋和家庭教育有关。

3. 最后的归因

（1）学生书写姿势错误，导致书写不端正。

（2）学生书写兴趣不高。

（3）学生年龄尚小，无法持久书写，意志力和耐力都不够。

三、采取的措施

（一）指导学生掌握正确的书写姿势

（1）向学生讲解正确的写字姿势要领。要求学生写字时做到眼离纸张一尺远，身离桌子一拳远，手离笔尖一寸远。

（2）书写时，常念写字儿歌提醒，养成正确的姿势。

（3）书写时，教师时常提醒学生书写的姿势。

（二）激发学生写字兴趣

（1）采用"画字法"。如在教学象形字"井、马、鸟"时，把这些字与画连在一起，学生通过看图比较认识了字。教师启发学生写字就跟画画一样，要"画"好每一个字。

（2）重视写字指导，教给学生书写的规律。可以先找找字的关键笔画，说说字的基本规律，如上宽下窄、上小下大、左窄右宽等。

（3）带学生去参观少儿书法展览，让学生受到美的熏陶，激发他们对书法的热爱。

（4）在校内举行书法作品展览，请家长来参观，让每位家长了解学生的书写情况，并与学生一起分享进步的喜悦。

（5）在班队课上，让学生讲讲有关书法家如王羲之、王献之等的故事。

（三）采取书写的分层教学方法

实施这种教学方法的目的是培养学生的书写耐力，使其持之以恒地练习，养成书写的好习惯，并让每一名学生的书写水平在原有的基础上得到提高。

（1）在班级中开展写字竞赛。比赛规则是把全班同学分成五组，每组8—9人，每组成员的书写水平大致相同。让学生自己给小组取名字，如火箭组、飞机组、战舰组等。比赛后，每组前两名为优胜者并将名字贴于"写字小擂台"，作为鼓励。

（2）教师运用分层评价方法，以鼓励为主，对不同书写水平的学生给予不同的评价。在批改作业时，对于书写水平A等的学生，要求他们精益求精。书写水平B等的学生人数最多，对他们的要求就稍微宽一些，对端正的字用红笔圈起来，表示赞赏；而不端正的字，就画出来，并在一旁写上端正的字作为示范，并要求学生再写几次。对于书写水平C等的学生，可能一次作业也难以找出几个端正的字来，但只要发现稍有进步的字，就用红笔圈上，并大加赞赏。这种评价方法的目的是让每一名学生都感受到自己的进步。

（3）对于书写水平 A 等的学生，应逐步提出更高的要求：作业中每个字大小匀称，字中的笔画要有笔锋，并从中树立榜样，让写字进步快的学生谈自己的进步过程，以带动其他学生。教师帮助收集高年级学生的优秀写字作业，供学生欣赏、模仿。

（4）对于书写水平为 B、C 等的学生，定期进行个别辅导，并在班级中开展"一帮一"结对活动。让书写水平 A 等、有能力帮助别人的学生，去帮助书写水平是 B 或 C 等的学生，大家共同学习、共同进步。

四、评估与反思

（一）取得的效果

（1）通过写字分层教学的行动研究，学生的书写兴趣得到了极大的提高。大部分学生书写态度认真，能比较有耐心地书写。

（2）通过收集 124 名学生作业，分出 A、B、C 三等的人数（见表2-2），与初始值进行比较，发现学生的书写水平得到大幅度提高，尤其是对书写水平中、低等的学生的促进作用特别明显。

表 2-2　学生书法作业等级表

等级	初始值		现在值		比较
	人数	百分比	人数	百分比	
A. 端正，整洁	25	20%	45	36%	增加 16 个百分点
B. 不端正，整洁	66	53%	70	57%	增加 4 个百分点
C. 不端正，不整洁	33	27%	9	7%	降低 20 个百分点

（二）存在的问题

（1）个别学生错误的写字姿势已形成习惯，很难纠正。

（2）有个别学生性子特别急，往往还没有观察好笔画所在的位置，就匆匆下笔，因此，书写水平进步慢。

从上面的案例中，我们可以看出行动研究发生的基本程序，大致包括问题的提出、问题的归因、措施与行动、评估与反思四个循环往复的阶段（见图2-2）。

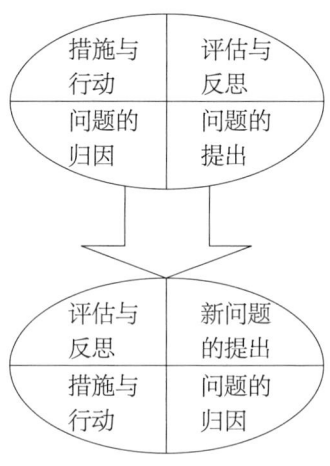

图 2-2　行动研究的过程

◎思考题

1. 如何正确理解教师研究？

2. 行动研究简单地说就是"为行动的研究""对行动的研究"和"在行动中研究"，谈谈你对这三句话的理解。

3. 行动研究的一般过程是什么？

|第三章| 问题：研究的缘起

提出一个问题往往比解决一个问题更重要。

——爱因斯坦

第一节　研究始于问题

一、问题之于研究的重要性

我们先从一个故事开始。

2015年10月，中国科学家屠呦呦因发现了治疗疟疾的青蒿素而获得了诺贝尔生理学或医学奖，成为第一位获诺贝尔科学奖项的中国本土科学家，其所获奖项也是迄今为止中国医学界获得的最高奖项。那么屠呦呦是怎么发现青蒿素的呢？

众所周知，疟疾是一种在夏秋季节极易发生的传染病，俗称"打摆子"，曾经是严重危害人类生命健康的世界性流行病。20世纪60年代初，全球疟疾疫情肆虐，难以控制，差不多类似于2020年暴发的新冠肺炎疫情。由于当时正值美越交战时期，在越美军因疟疾减员80多万人，极大地影响了美军的战斗力。因疟原虫对早先治疗疟疾的喹啉类药物已产生抗药性，所以一时难以找到良好的治疗方法。为此，美国不惜投入大量研发资金，先后筛选出20多万种化合物，却未能找到理想的抗疟新药。在美国之后，英、法、德等国也花费大量人力物力，试图寻找有效的新结构类型的化合物，同样无果而终。中国从1964年重新开始对抗疟新药进行研究，既然从化学类物质找不到答案，那就从中国传统的中草药中寻求突破，但是，通过对数千种中草药的筛选，却没有任何重要发现，似乎中西医都陷入了困境。1969年，39岁的屠呦呦临危受命，出任该项目的科研组长。她遍览历代医籍，四处走访老中医，搜集了大量的病例信息，对200多种中药的380多个提取物进行筛选，发现青蒿对于治疗疟疾有一定的作用。但是经过大量实验后，她发现用青蒿来治疗疟疾的效果并不理想。由于传统中草药治疗方法都是将药物高温熬制提取，因此她认为有可能是提取药物的方法不正确，很有可能在高温的情况下，青蒿的有效成分被破坏了。于是她改用乙醇冷浸法得到了青蒿提取物，并在鼠疟的实验中取得了显著效果；紧接着她继续用低沸点溶剂提取，治疗效果更好、更稳定。终于，在经历了190次失败后，青蒿素诞生了，使得一度肆意摧残人类生命健康的恶魔疟疾被征服，挽救了数以百万计疟疾患者的生命。这一医学发展史上的重大发现正是来自不断发现问题、解决问题的过程。

在科学发展史上，这样的故事不胜枚举，青霉素的发现也大致经历了类似的过程。屠呦呦发现青蒿素的故事说明了一个基本事实：任何一次科学研究活动都是围绕问题进行的，问题是研究的源起，也是推动研究深入开展的动力。没有问题就没有研究，没有研究就没有发现和发明，就不可能有科学的进步和发展，也不可能有物质丰富、科技发达的现代文明的产生。

不仅科学研究如此，教师的研究活动也同样如此，只不过问题的大小和性质不同而已。对于教师来说，问题同样是教师行动研究的起点。当然，教师不是要研究如上面故事中提到的那些关系到科技进步、人类发展的重大问题，即便是在教育领域内，也有一些问题是不需要教师研究或者是普通教师无力研究的。比如，有关教育发展的一般规律问题、关于国家或区域教育发展的宏观战略问题，以及涉及教育发展的一些基本理论问题，等等。这些问题与教师的知识背景和工作性质有一定的距离，不仅需要复杂的理论、方法和技术的支撑，还需要耗费大量的人力、物力和财力，不是一般教师所能胜任的。

教师的工作范围和性质，特别是教师研究的目的，决定了教师研究的问题主要是与教师个人教学实践密切相关的教育教学问题。教师只有明确了要研究的问题，才能真正开始研究活动，也才能避免研究中的形式主义，使研究活动在真实问题的牵引下一步一步地走向深入。当前，很多地方或很多学校在教师中广泛开展科研活动，甚至有些地方的教育主管部门不惜人力和财力大力投资教师科研。虽然这些做法在教育发展的方向上是正确的，但由于普遍缺乏研究中的问题意识，结果使一些研究活动变成走过场、应付检查的"仪式性活动"。这种没有问题的教师科研看似热热闹闹，实则是"教育科研的'大跃进'"，不但没有起到解决问题的目的，反而在一定程度上干扰了学校正常的教育教学秩序，浪费了大量的人力物力。

要想真正使教师科研落到实处，首先需要明确问题对于教师研究的重要性，以及如何找到要研究的问题，这往往是教师开始行动研究的第一步。否则，再多的研究模式、再好的研究方法都将变得毫无意义，如同医生有最好的仪器和最好的药物但却不知道病在哪里一样。

二、我们为何没有问题

找不到要研究的问题是当前困扰中小学教师开展研究活动的一个突出问题。为什么会产生这种现象？主要原因在于以下三个方面。

（一）缺乏问题意识

有这样一个笑话，一位研究者测试了来自不同国家和地区的孩子的知识水平，结果发现非洲的孩子不能解释什么是"粮食"，美国的孩子不知道什么是"其他国家"，而中国的孩子不知道什么是"问题"。这个看似有点荒唐的笑话却真实地反映了中国的学校教育所存在的弊病。长期以来，我们的学校教育紧紧围绕书本知识，强调标准答案，鼓励死记硬背，不重视学生的个性和兴趣，不善于激发学生的好奇心。这样培养出来的学生缺乏独立思考的习惯和独立解决问题的能力。

不仅学校教育如此，家庭教育也一样。众所周知，在中国学生的家庭里，作业永远占据着家庭教育的主要内容，家长只关心孩子的作业，而很少关心孩子的问题。从海南到黑龙江，从东部发达城市到西部偏远山村，从重点学校到普通学校，学生回到家里，家长对他们说的第一句话几乎都是"你今天作业完成了没有？"，很少会问孩子"你今天发现了多少问题？"。家长非但不鼓励孩子提问题，反而对孩子的问题要么敷衍了事，要么假装没听见，更有甚者竟嘲笑或斥责孩子。

在缺乏问题的环境中成长起来的孩子只习惯约定俗成的东西，习惯被分派任务，习惯按部就班，很少会有疑问，因而研究对他们来说就是一件非常困难的事情，即使到了大学，到了研究生阶段，我们很多学生要选择一个课题和项目都十分艰难。

缺乏问题意识是制约我们开展研究的关键。教师没有问题意识，就会对课堂中的很多现象视而不见。比如，我们经常会看到一些小学生写一个字经常要反复涂改很多次，有些学生总喜欢在课堂上打瞌睡，有些学生总是表现得很胆怯，也有些学生总是不爱与他人合作，等等。这些课堂现象几乎每个学校、每个班级每天都在发生，却很少能引起教师足够的关注，我们很少会问这些现象为什么会发生。没有问题意识使许多教师虽然长年累月地站在讲台上却不知道自己熟悉的课堂上究竟在发生着什么问题,也无法知道自己教得怎么样,更谈不上怎样才能教得更好。

(二)迷失在个体经验中

说到经验,有这么一个寓言故事。从前,有一头驴子驮着一包盐渡河,在河边不小心滑了一跤跌进河里,顷刻之间那包盐被河水溶化了。驴子站起来后,顿时感到身体轻松了许多,于是它异常惊喜,认为自己获得了轻松驮物过河的"经验"。后来,这头驴子驮了一大捆棉花要渡河,它以为再跌进河里可以同上次一样减轻重量,走到河边的时候,故意跌进河里。可是,这一大捆棉花却吸足了河水,重量增加了很多。驴子不但站不起来,而且身子一直往河底沉,最后淹死了。驴子为什么会淹死呢?原因很简单:因为驴子没有正确地对待"经验",而是机械地套用"经验",没有对"经验"进行改造和创新。由此可见,经验是一把双刃剑,有时候,它可以帮助我们更加便捷地获得成功,有时候却会让我们因循守旧、故步自封而招致失败。所以,在许多事情上我们之所以不成功,原因不外乎两种:一种是因为"经验"不足,而另一种则是因为"经验"过多。

在日常教学中,这样的例子不在少数,不少教师在长期的教育教学实践中积累了丰富的"经验",这无疑是一笔非常宝贵的财富。个体经验是教师从事专业活动、不断提升专业素质和能力的基础,也是教育教学理论不断得以丰富的源泉。但是,一些教师并不懂得"经验"是一把双刃剑的道理,过度依赖经验,从而淹没在个体经验的洪流中,养成了因循守旧、不思进取的惰性,对教学过程中所产生的新问题,常常不假思索地照搬过去的做法,出现了很多低效甚至无效的教学行为。

今天，随着课程改革的推进、培养目标的调整和细化、教材和教学技术手段的更新、评价标准和方式的多样化，虽然这样的现象正在发生改变，但因循守旧、"以不变应万变"的教师仍然不在少数，尤其是那些从教时间比较长的老教师，他们往往认为自己通过多年的教学已经形成了一套有效的策略与方法，不再需要新的技能和方法了，容易形成自以为是、不思进取的教学态度。实际上，教学场景时刻都在变化，教学对象的不同、内容的不同、地点的不同、时间的不同，这些都需要教师不断去研究新情况、新问题，从而调整自己的教学策略和方法，提高教学效能。

迷失在个体经验中的教师通常看不到教学过程中存在的各种问题，也就不会对自己的教学过程展开反思和研究，这也是经验型教师与研究型教师的根本区别所在。

（三）对专家的盲从

长期以来，在一线教师中间存在着一种认知，即教师与教育研究者是两种不同身份、有着不同分工的专业工作者。教师的主要使命是完成教学任务，研究不是教师的分内之事，而应该由专业研究者来完成。教师只负责应用专业研究者所提出的教育教学理论与方法，也就是说，教师是专业研究人员所提出的教育教学理论和方法的消费者。这种观念导致一些教师对专家的盲从，认为任何教育教学问题的解决都必须依靠专家提供现成的解决办法，其结果不仅无助于教学问题的解决，而且会使教师自身养成不思进取的习惯，逐渐丧失解决问题的能力。

实际上，专家所提供的知识和方法更多是从无数个案例中所抽象出来的一般性结论。而教师的教学活动是具体的，每个教师的课堂都是特殊的，一般性的结论不可能"放之四海而皆准"。教师必须自己去发现教学过程中出现的问题，研究问题背后的原因，提出合适的解决办法，也唯有如此，教师的教学效能和专业能力才能真正得到提高。

当然，这不是要否定专家对于一线教师的指导意义，关键是如何正确认识专家的角色、功能，如何理解专家与教师的关系，以及教师参与科研的意义。

（四）理论知识贫乏

教师能否发现教学中的问题与教师自身的理论知识积累有很大的关系。我们甚至可以说，理论知识是教师发现问题的"眼睛"。很多问题之所以在一些教师眼中不成为问题，正是因为他们缺乏洞察问题的眼力，看不到司空见惯的现象背后存在的深刻问题。比如，学生之间形成小团体在很多教师看来是非常正常的现象，是不需要研究的问题，而当你去研究这些小团体的行为时，你会发现其中有可能存在着严重的校园霸凌行为。因为稍微学习一点管理学知识的人都会知道，作为非正式群体的学生小集团存在着两面性：一方面，可以很好地培养学生的交往能力和团队合作意识；但另一方面，如果缺乏关注和引导，也有可能形成一个小的利益共同体，从而演变为学校管理中一种潜在的对抗力量，甚至成为校园霸凌的一种诱发因素。

在前面谈到证据意识的时候也说到教育教学理论知识的重要性，正是由于许多教师很少学习教育心理学方面的专业知识，对遗忘曲线、最近发展区等理论知之甚少，因而不可能发现自己在教学内容设计和巩固复习中存在的问题。同样发生在课堂中的教育现象，没有理论准备的教师和有理论准备的教师的反应是截然不同的，前者视而不见，后者则会主动反思。正如爱因斯坦所言："你能不能观察到眼前的现象取决于你运用什么样的理论，理论决定着你到底能观察到什么。"

从实行教师资格证制度以来，教师队伍的来源和结构日益多元化了，教育行业增加了很多新鲜血液和活力，但是也带来了一些新的问题，在拿到教师资格证的后备教师队伍中，相当一部分人在入职之前并没有进行过系统的教育教学和心理学等相关知识学习，结果是很多教育问题被忽视，日积月累，积重难返。所以，加强教师的教育教学专业知识学习对于当前教师的专业能力和教育质量提升尤为迫切。

（五）缺乏发现问题的有效方法

"工欲善其事，必先利其器"，合适的方法是找到研究问题的有效工具。教师不能发现问题的又一个重要原因是教师没有掌握发现问题和聚焦问题的方法。因为教学是在教师和学生这两个能动的主体之间所发生的十分复杂的活动，教学过程中的问题盘根错节、千头万绪。没有合适的工具和正确的方法，就很难找到真正的问题所在，也不可能清楚问题的来龙去脉。我们发现在日常教学实践中，虽然教师每天都在与学生打交道，却不知道学生究竟是如何学习的，也不知道每个学生的发展有什么问题；虽然每天都在备课上课，却不知道自己教学效率不高的原因究竟是什么；等等。诸如此类的问题时刻都在困扰着那些竭力渴望改善教学的教师们。

那么，如何才能很快地找到自己教学过程中的问题？下面介绍两种简单的方法，一种是问题树（见图3-1），另外一种是头脑风暴法。

问题树的主要功能是帮助教师个人厘清思路，聚焦问题，从许多相互关联的因素中，顺藤摸瓜，找到问题的源头，以便教师个人及时抓住矛盾、展开研究。以图3-1为例，教师发现自己的教学效果不佳，那么，其原因可能会有四个方面：学校、教师、学生和家长。假设通过调查发现教师因素是导致教学效果不佳的主要原因，这个原因也有可能包括四个方面，即教学组织形式不当、教材熟悉程度不够、教学方法陈旧或不当、课堂控制不好，如果教师通过自我反思和调查访谈后排除了教学组织形式、教材熟悉程度和课堂控制问题，最终会把问题聚焦到教师的教学方法上。这样一步一步地分析和梳理，最终找到教师要研究的问题。也只有如此分析，教师发现的问题才可能是真问题，教师的研究才能真正发挥提高教学效能的作用。

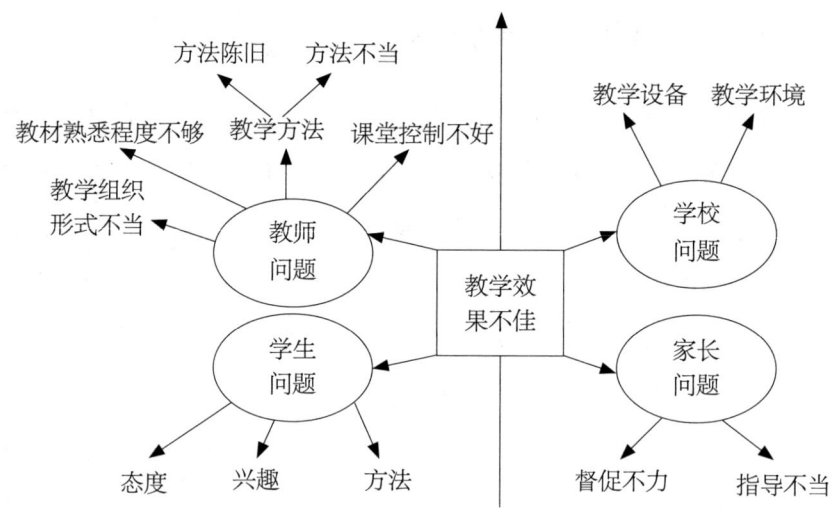

图3-1 "教学效果不佳"问题树

试想一下，如果没有经过这样一个问题清晰化的过程，而是根据教师个人的主观推断，直接将教学效果不佳归结于学生，从而将研究的主要精力集中在学生身上，就难免会南辕北辙。结果既浪费了教师个人的精力，也难以达到改善教学效果的目的。

头脑风暴法是一种利用集体智慧发现问题的方法。很多时候，教师个人对于自身的问题会出现"当局者迷"的现象，作为研究者的教师往往不清楚自己教学中到底存在哪些问题。这时候，就需要组织同行参与到自己的教学过程中，帮助自己发现问题。头脑风暴法可以很好地帮助研究者集思广益，其具体操作过程如下。

（1）组织一个讨论小组，选择一位主持人和一位记录员（也可以是同一个人）；

（2）制定发言规则，包括发言时间、禁止对他人发言进行评价、声明无所谓对错、准确记录答案等；

（3）明确将要探索的问题，开始集体自由讨论；

（4）公布所有讨论结果，不做评价；

（5）集体讨论结束后，检查记录结果，寻找重复或相似的答案，将相似的概念集中在一起，并剔除一些不合适的回答；

（6）若问题相对比较集中，讨论即可终止；若问题还没有明确，可以重复讨论。

第二节　问题的选择

一、问题从哪里来

有了问题意识，掌握了比较好的发现问题的方法，那么，到哪儿去找问题呢？由于教师的主要任务之一是教学，而教师研究又是一种面向教学实践、扎根教学实践、服务教学实践的行动研究，因此，教师研究的问题主要是从教师的专业实践中来，从教师身边的问题中来。教师研究的问题主要来源于以下几个方面。

（一）从教育教学的疑难中寻找问题

[案例]

教室的长是多少

张老师是小学数学教师。他在教学长度单位及其相互关系时发现，让学生记住1米=10分米，1分米=10厘米，1厘米=10毫米比较容易，让学生进行单位之间的换算也不困难，比如学生通过几次练习很快就能回答出1米=100厘米=1000毫米了。

为了进一步让学生熟练掌握这些长度单位并能够在大脑中形成每个长度单位的基本概念，张老师想把这些长度单位与生活中的事物结合起来，于是，他让学生估计教室的长、宽、高。结果，答案五花八门，令人啼笑皆非。甚至有的学生写出了教室长50米的答案。这大大出乎张老师的意料，他没有想到，学生既然能够在这些长度单位之间熟练地进行换算，却无法在实际生活中正确地理解与应用1米、1分米、1厘米、1毫米。

新一轮课程改革要求数学知识和生活实际紧密结合起来，那么，教学中如何才能达到这样的目标呢？怎样才能让抽象的数学生活化？

案例中张老师所碰到的疑难问题在教学中无处不在，尤其是新课程改革实施以来，新的教育价值观、知识观和学生观，以及由此带来的培养目标、教学内容、教学组织形式以及教学方法和手段的巨大变革，使中小学的课堂生活产生了翻天覆地的变化，并产生了越来越多的新问题。如何面对这些问题，寻找合适的解决办法需要每位教师认真探讨和研究。

（二）从具体的教学场景中捕捉问题

[案例]

课堂飞来小蜜蜂

语文课上，我正和同学们一起感受着《静夜思》那种充满幻想的意境，突然第一排靠窗户的两个同学在用手扑打着什么，紧接着第一排中间的同学又左躲右闪。啊！一只小蜜蜂在孩子们的身旁飞来飞去。我连忙喊："不要乱动，它就不会蜇你。"蜜蜂又向教室的中间飞去，虽然我大声喊着"别动，别动"，但一年级的孩子由于生活经验少，还是出于本能地躲闪、扑打。其他同学也惊呼着："蜜蜂，蜜蜂！"我担心蜜蜂蜇了学生，同时也想尽快恢复教学，就快步走过去，用语文书用力地扇风，想把蜜蜂扇出窗外。谁知蜜蜂竟落到我高高举起的手背上。教室一下子安静下来，同学们都瞪大了眼睛，盯着我的手背以及手背上的蜜蜂。我连忙举着手向教室门外走去。关好门后，我用力一甩，蜜蜂飞走了。我推开门，微笑着说："老师刚才在走廊上，一甩手把蜜蜂送走了。"孩子们用惊奇的目光专注地望着我，眼睛连眨都不眨一下，无一例外。70人的课堂，这种全员专注地看着我一人的情形还是第一次出现。我也没来得及多想，就往下继续进行教学了，孩子们注意力高度集中，发言积极，上课效果非常好。

课后，那只飞进课堂的小蜜蜂和同学们那专注的眼神一直萦绕在我的脑海中，我陷入了沉思中：蜜蜂飞进课堂，可谓百年不遇。有人教了一辈子书，也没遇到过。我从教18年，这也是头一遭。我当时为什么不改变预先的教学设计，抓住学生心灵的涌动与震颤呢？古诗教学往后放一放，怎么就不行呢？我这不是过分地强调预设，把生成推向绝路吗？我深知教学需要预设，但预设不是教学的全部，教学的生命力与真正价值在于跳出备课预设的思路，灵活应变，尊重学生的思考，尊重学生的发展，课堂会因生成而变得美丽吗？我不停地在心里埋怨自己……

我决定采取补救措施，把这次偶发事件作为教育良机，让它成为教育教学的生长点——对学生进行说话训练。

下节课，我以记者的身份采访学生："孩子们，我是中央电视台《实话实说》栏目的记者。这节课，我专程来采访同学们。听说，上节语文课，你们课堂上飞来了一位客人，它是谁呢？"

同学们齐声回答："小蜜蜂。"

我笑着问："小蜜蜂都到谁那儿做客了呢？"同学们纷纷举起小手。我接着问："小蜜蜂飞到了什么地方？你是怎么做的？"

孩子们立刻兴奋起来。

一个学生说："蜜蜂飞到我的桌子上，我赶忙用书拍它。"

一个学生说："蜜蜂飞到我的鞋带上，我轻轻地抬起脚，它就飞走了。"

一个学生说："蜜蜂飞到我的文具盒上，我拿起文具盒，它就飞走了。"

一个学生说："蜜蜂飞到我的头上，我轻轻一晃头，它就飞走了。"

一个学生说："蜜蜂飞到我的胳膊上，我很害怕，趴在桌子上一动也不敢动，它就飞走了。"

……

"你们老师用书使劲地把它向窗户外面扇时，怎样了呢？"我问。"它落在了崔老师的手上。"一个孩子抢先回答。

"当时教室里是怎样的情况呢？"

一个学生说："当时，教室里很安静，同学们都吃惊地睁大了眼睛。"

一个学生说："当时，同学们吓得都不敢出声。"

一个学生说："当时，同学们都在为崔老师担心。"

"你们担心什么？"我顺着学生的话问下去。

"我们担心蜜蜂蜇崔老师的手。"

"我们担心蜜蜂把崔老师的手蜇个大包。"

"当时，我们都为老师捏了一把汗！"一个学生补充道。

"你们老师是怎么做的呢？"

"老师快步走出教室，把门关上，手一甩，小蜜蜂就飞走了。"

"不对，不对。"一个孩子急忙喊道。

我连忙请他回答："老师是举着手快步走出教室的，要是老师没走出教室手就动了，那小蜜蜂还会在教室里乱飞。"

我连忙对这个学生的发言进行了肯定："他补充得太好了，真是一个会思考的学生。"

"教室里怎样了呢？"

"教室里又恢复了安静。"

"我们又继续上课了。"

"同学们又大声地读起课文来。"

……

最后，我又留了课外作业：试着把语文课上的风波——小蜜蜂飞进课堂的经过写下来。第二天，我看着学生写的小短文，不由得喜上眉梢。最长的短文，小楷本写了一页半，最少的也写了四五行。篇篇记述清楚，用词准确。同学们的写作能力竟忽然提高了一大截。这真是"山重水复疑无路，柳暗花明又一村"。语文教学因闪耀着思想、精神、生命的光辉，而走进了一片灿烂的天地。

　　回顾第二个教学片段，正因为教师熟悉小蜜蜂飞进教室的过程，并根据一年级学生的心理和年龄特点，进行了问题的预设，采用记者采访的形式吸引了学生，学生才能自如地表达，还收获了小短文这一未曾预设的精彩。由此可见，教师有必要对课堂进行充分的弹性设计，要对过程多做假设，多模仿一些情境，多考虑一些情况，预先做到对结果了然于心。这样，教师才能从容不迫地面对学生，才能在和学生对话时胸有成竹，才有可能收获许多未曾预设的精彩。叶澜教授说：在课堂教学中，强调动态生成，并不主张教师和学生在课堂上信马由缰地进行学习；而是，教师有教学方案的设计，并在教学方案中预先为学生的主动参与留出时间和空间，为教学过程的动态生成创设条件。由此在教育教学中经常会出现一些偶发事件，我们可以挖掘教育价值，捕捉教育信息，提高随机应变的能力，根据当时的具体情况，巧妙地在学生不知不觉中做出相应的变动。教师要善于捕捉孩子们在日常生活中的"寻常时刻"。用"慧眼"看待教育问题，处处留心，培养教学机智。

　　可见，只有让预设与生成和谐相生，课堂教学才会高潮迭起，精彩纷呈。

（由河南省洛阳市景华实验小学崔向东老师撰写）

行动研究最大的特点是它的情境性，教学场景是教师行动研究发生的场所，也是教师研究问题的真实土壤。教师要意识到自身研究的问题大多不是来源于对理论材料的占有和分析，而是对生动活泼而又变化无常的教学生活的细心观察和体悟。但并不是每一位教师在进入教育现场时都会自然地发现问题，关键是教师要有一双善于观察和发现的眼睛，能够在意外的、稍纵即逝的教学现象中捕捉到有价值的问题，甚至在看似平常的地方发现问题。这都需要教师养成积累和思考的习惯，培养对教育教学的独到理解和认识，善于把握和利用教学情境，善于从细节中发现问题，形成高超的教学艺术。

（三）从理论学习和阅读中发现问题

[**案例**]

我和苏霍姆林斯基的"初恋"[①]

我在大学是很不喜欢教育学、心理学课程的。不单单是因为这些课的教材枯燥、乏味，更重要的是，当时我还一厢情愿地做着我的文学梦。每次上这样的课，我多半是坐在最后一排写自己的所谓"朦胧诗"。

这种"惯性"甚至一直持续到我被分配到乐山一中——在参加工作最初的一段时间，我从来没想过要读什么经典教育学著作……

那是我出手打了学生之后，校长狠狠批评了我一顿，叫我"好好想想"。当时，年轻气盛的我顶撞道："我早就想过了，没有什么可想的！"其实，我当时何曾不知道老师打学生是极其不对的，只是嘴硬罢了。在那段时间里，我心里十分难受：不是对

---

① 李镇西. 走进心灵：民主教育手记[M]. 成都：四川少年儿童出版社，1999：288-293.

自己的错误后悔莫及，而是对自己的性格是否适合当教师产生了怀疑与自卑。

星期天，我去逛书店。在玻璃书柜中（那时还不兴开架售书），我看到了一本薄薄的名为《要相信孩子》的书……

这本书，并没有具体的某一句话是针对我打学生的，但全书的灵魂——对孩子的爱和信任，使我认识的深刻程度远远超越了"打学生"这个具体的错误，并使我积极地从人性角度来审视我的学生和我的教育……

就这样，苏霍姆林斯基开始走进了我的教育生活，也走进了我的心灵。……

本来我是在因打学生而产生苦闷的心境中打开苏霍姆林斯基的这本小册子的，但当我在那个夜晚合上这本书后，我的心中已曙光初露，霞光万道！

以后十几年中，我对民主教育的思考和探索，都是从这个朴素的观点开始的。

从此，我开始如饥似渴地阅读我所能买到的或借到的苏霍姆林斯基的著作……

在我接触苏霍姆林斯基著作之初，我就有意识地学习他：学习他对学生的挚爱，学习他对教育的执着，包括学习他坚持不懈地写"教育手记"。后来我在写有关教育论文或著作时，我的行文风格也散发着一股浓浓的"苏霍姆林斯基味儿"——夹叙夹议，以情动人，将自己对教育的思考融会于一个个教育故事之中；甚至我的第一本专著《青春期悄悄话——致中学生的一百封信》，在体例和书名上都是模仿苏霍姆林斯基的《给教师的一百条建议》……

李镇西老师的学习和研究发生在一个特殊的问题情境里：自己打了学生，正处于苦闷之中，怀疑自己和懊悔自卑。这时，他阅读了苏霍姆林斯基的著作。学习使他明白了困扰自己的问题，并产生了要改变自己的想法，促使他转入新的问题情境，进入了研究的状态。

教师能否发现自己教学中存在问题，以及存在什么样的问题，往往在很大程度上与教师个人的理论水平和理论视野有密切关系。理论贫乏、视野狭窄的教师常常只能依靠经验来实施教学，或者模仿他人的经验进行教学，难以对教学进行深入思考，对教学中存在的许多问题都会视而不见，也不可能知道问题的缘由和化解策略。实际上，教师的知识结构和理论视野极其显著地制约了教学研究的开展。理论的陈旧与贫乏，使得很多教师难以适应当前充满变化的课堂。因此，教师要不断通过阅读来扩大自己的视野，提升自己的理论水平，用最新的知识和方法来思考自己的教学过程，才能不断发现问题。

（四）从与同事的交流中发现问题

[案例]

同伴是书

那是一次集体备课。我们在一起钻研《鲸》一课的教材教法，大家畅所欲言，对每段内容的教学都想出了"妙"招。有位教师说，第一自然段用具体数字写出了鲸之大，教学时，可以先用"填一填"的方法，出示电子幻灯片，让学生将能突出表现鲸大的词语填在括号中。例如，"目前已知最大的鲸约有一百六十吨重，最小的也有两吨重。……一条舌头就有十几头大肥猪那么重"等。再用"演一演"的方法，让学生站起来，高举双手，体会鲸张开嘴的高度，让学生四个人围在桌旁，体会鲸张开嘴后的巨大空间。课文第二自然段主要写了鲸的进化过程。有位教师提议，让学生把自己当作鲸，结合收集到的鲸进化前和进化后的图片，将这一段话以第一人称的形式转述给学生听。课文第三、四、五自然段介绍了鲸的种类及鲸吃食、呼吸的不同特点。有位教师建议，引导学生读一读，比一比，并找出描写它们生活习性的语句，填充表格，使齿鲸和须鲸吃食与呼吸特点清晰地展现眼前。文章第六自然段写了鲸怎样睡觉，有位教师建议让学生读书后想象鲸睡觉的情景，并把它画下来。蔚蓝的大海中，几头鲸聚在一起，头朝里，尾巴向外，围成一圈，浮在海面上。鲸熟睡时那安谧静美的画面就跃然眼前。这时，有一位教师提出来，让学生认识鲸的现状并不难，可怎么解决"鲸不属于鱼类，是哺乳动物"这个教学难点。于是大家纷纷展开了讨论，结果商讨出了一个妙招：模拟记者招待会，让学生推选一名同学当发言人，其他人当记者提问，既总结了全文，又突破了难点。

　　思维的碰撞总会产生最绚烂的火花。随着讨论的深入，大家提出了越来越多的教学问题。一位教师提出：这些设计都体现了教学的目的是教教材，学生收获的是课本的知识和课文中蕴含的思想教育，享受的是"戴着镣铐跳舞"的愉悦。那么，怎样让学生自主学习、突破重难点呢？

　　我们再三商讨，认为可以让学生质疑——教师提出本文的三个重点问题：（1）课文是怎样来说明鲸很大的？（2）鲸的生活习性怎样？（3）为什么说鲸是哺乳动物？让学生进行选择，并自主探究，可以读文，可以标记，可以画图，可以展示图片……

　　就这样，通过一次次的集体教研，我在无形中感到自己在不断进步。每当和同伴们在一起研究的时候，这种感受就会扑面而来。带给自己的是永久的"营养",带给学生的是各方面能力的培养。同伴真是一本很耐看的书呀!让我们轻轻地俯下身子,用自己的心灵去靠近与触摸这本书吧!那时你会觉得,它是那样芬芳迷人,韵味悠长。

(由河南省洛阳市景华实验小学崔向东老师撰写,略加修改)

教学是一项复杂的实践活动,需要集体智慧、集思广益才能不断得到完善。而依靠个人独立思考很难做到全面、深入,也难免会有"当局者迷"的现象。因此,教师需要与同事进行合作,共同探讨教学过程的问题,这样才能相互启发、有所发现。同时,也可以取长补短、分享思想、共同进步。

(五)从差异中寻找问题

[案例]

高高地举起你的左手①

那年秋天,我在学校的多媒体教室执教了一堂初中数学公开课,在上课过程中,从来不举手的 M 同学举手了,我感到有些奇怪,不过还是让他站起来发言,但是 M 站起来后一脸的羞愧和慌张,根本不知道问题的答案。

我让他坐下,没有批评他,心里有些纳闷:他为什么这次举手了呢?为什么又不知道答案?他的羞愧和慌张说明了什么呢?

下课后,我把 M 叫到办公室。我安慰他说:"今天你举手了,这很好,这说明你在思考老师的问题。你能不能告诉老师,你当

---

① 作者张希荣。

时究竟是怎么考虑那个问题的呢？"

没想到 M 说："其实我根本不知道答案。我不希望被同学看不起，所以我举手了，希望能够侥幸蒙混过去。可是老师偏让我回答。"

我当时听了很震撼，犹豫了一阵子，对他说：这样吧，我们做一个约定，以后每次上课你都积极举手，如果不知道答案，你就举你的右手；如果知道答案，你就举你的左手，我就让你起来回答问题。

在接下来的几天里，M 同学果然每节课都举手。同学们最初都觉得有些奇怪，但时间长了，就开始渐渐相信 M 是学习高手了。

有一段时间我做过统计，M 举左手的次数为 25 次，举右手的次数为 10 次。之后我又找他谈话，把我统计的他举手的次数告诉他之后，他举右手的次数越来越少。

M 在日记中写道："别让自卑打倒你的自信，换只手高举你的自信。老师让我举左手并且少举右手只是为了让我超越自己，换只手高举自己的自信，赢自己一把啊！在人生的道路上免不了遇到对手和困难，但如果不能举右手，那么我们做的第一件事就是'高高地举起你的左手'……"

人在教育中的存在形态是千差万别的，发现人在教育中存在的这种差异不仅是每一个教师工作职责上应尽的责任，而且也是使教育活动走向成功的重要保证。从某种意义上说，教育的进步就表现在其适应和促进个体差异化发展的程度上。

人在教育中所存在的差异，有些是需要通过教育来消除的，有些则是需要得到强化与保护的。然而，不管是对待需要消除的差异，还是对待需要得到强化与保护的差异，要求教师在教育教学活动过程中都必须首先做到尊重，即尊重在教育活动过程中人与人之间所存在的心理上或行为上的差异；也只有在教育教学活动中真正地尊重了这种差异，并合理地利用与发挥这种差异的作用及其价值，教师工作的针对性与有效性才能够得到真正提高，才能够使个体在教育活动中以自己的方式而存在着，这也许就是差异教育或者因材施教的真正含义吧！

心理学研究早就证明了儿童之间在智力水平、气质类型上存在极其显著的个体差异。哈佛大学学者加德纳进一步指出了人的智能水平的多元性，他认为每个人都存在着八种类型的智能形式，即语言智能（Verbal/Linguistic）、数理－逻辑智能（Logical/Mathematical）、视觉－空间智能（Visual/Spatial）、音乐智能（Musical/Rhythmic）、人际交往智能（Inter-personal/Social）、自我反思智能（Intra-personal/Introspective）、身体动觉智能（Bodily/Kinesthetic）、自然观察智能（Naturalist），后来他又补充了存在智能（Existentialist Intelligence），一共有九种智能类型。由于这九种智能类型在每个人身上表现的形式并不一样，因而个体之间表现出千差万别的特点。比如，有的人善于演讲，有的人善于思考，有的人善于绘画，有的人善于歌舞，等等。总之，每个人都有自己的特点和特长。同时，由于个体之间家庭环境和生活经历的不同，即使在智力水平和智力类型上相近的学生，他们往往在性格、学习风格和学业成就上也表现出很大的差异性，这种差异性与我们目前的这种以班级，特别是大规模班级授课的教学组织形式产生了严重的冲突。如何在教育中照顾到学生的差异性，提供给每个学生都能接受的教学方式和教学内容，从而真正体现"一切为了孩子，为了一切孩子，为了孩子的一切"的以人为本的教育理念，促进每个学生身心和谐发展，是每位教师都无法回避的现实问题。从某种程度上说，教学的复杂性、艺术性和专业性都源于学生的差异性。差异是教师教学问题的真正源泉，正是这种差异性赋予了教师研究的价值。教师必须时刻关注学生的差异性，从促进学生发展的角度来反思自己的教学，就会找到无穷无尽的研究问题。

（六）从学校和学科发展中确定问题

[案例]

构建身心和谐发展的教育模式

——北京市育翔小学心理教育特色的形成

20世纪80年代，育翔小学就是北京市西城区颇有办学特色的一所学校。该校在体育教育上形成了一套自己的模式，尤其是在篮球教育方面成绩卓著，招收和培养了一大批体育特长生。但是，随着素质教育的实施，学生全面发展的理念越来越深入人心。加上国家对小学体育的日益重视，小学阶段以培养体育特长生来促进学校发展的办学模式，已经跟不上时代和教育发展的步伐，也就很难体现学校的办学特色了。特别是在新一轮课程改革和义务教育均衡发展的政策实践中，迫切需要学校转变教育观和人才观，培养身心健全发展的人。

那么，在这样的背景下，学校应该如何抓住机遇，使学校再上一个台阶呢？

学校多次召开全体教师会议，讨论新形势下学校发展所面临的新问题。学校还不断邀请教育专家、社区成员、学生等参与讨论。经过多方征求意见和认真分析当前中小学教育现状后，学校果断决定放弃原来招收和培养体育特长生的做法，把学校办学的突破口集中到促进学生身心和谐发展上来。

学校再次召开研讨会，成立了学校办学特色研究小组。教师们在对周边学校和自己学校的学生研究中发现，随着独生子女的增多，特别是在北京这样的大城市，就业和生存的压力使得许多家长疏于对孩子的教育，或缺乏教育孩子的经验、耐心和方法，加之学校一时还难以摆脱应试教育的压力，学生学业负担比较重。这种家庭和学校的双重原因使得很多孩子心理发展很不健全，有的孩子还患上了心理疾病。因而，如何帮助这些孩子消除心理压力，实现身心和谐、健全发展，成为小学阶段教育所面临的重要任务。于是，学校决定把心理健康教育作为新时期学校办学的主要特色。

（根据北京育翔小学杨东燕副校长口述整理）

教师的教学与学校的发展是分不开的，两者都统一于学生的发展。当教师把自己的教学与学校的整体发展联系起来思考的时候，就会发现有很多的问题需要研究、解决。毕竟，教师是学校组织中的主体，离开教师，学校的作用也就不存在了，而学校发展的方向、发展的成功与失败都取决于每位教师个体的努力，教师与学校是"一荣俱荣，一损俱损"的关系。学校的发展为教师个人的发展带来了机会，提供了平台，而教师个人的发展又为学校的整体发展奠定人力和智力基础。因此，教师的行动研究不仅要关注课堂中发生的事情，而且要为学校的发展献计献策。

此外，教师的工作是有分工的，不同的教师所教授的学科既是教师工作的主要内容，也是教师专业发展的核心。因此，学科的发展与教师个体的专业发展密切相关。作为专业人员，教师必须关注本学科领域的最新进展，并以此来指导实践，在专业实践中不断发现问题、研究问题、解决问题。

（七）从教育政策实践中发现问题

任何一场教育变革最终都是与学生、与课堂紧密联系在一起的。一切好的教育改革思想和教育政策理念最终都必须通过教师的课堂实践才能真正体现出来。同样，教师要保证教学方向，提高教学效果，就必须关注教育改革动向，在教育政策实践中发现问题，与教育政策形成良好的互动机制，才能使自己的教学焕发出时代的魅力。

随着人类进入科技时代，教育在人和社会发展以及国家综合竞争力中的重要性越来越突出，最近几年国家的教育改革步伐日益加快，出台了一系列新的教育改革政策，从培养目标到评价方式、从幼儿园到高中、从宏观教育管理体系到学校内部治理、从教师到学生，学校教育正面临着系统性调整。立德树人、学生核心素养正在改变我们传统上对于培养什么人的判断，对劳动教育和美育的重视需要学校深入思考和处理五育关系，以中高考为核心的教育评价改革更是迫切需要人才观和教学观的转变，思考如何将这些教育政策的理念和精神落实到教师的教学实践中，将为教师提供丰富的研究课题。

二、选择研究问题的几个基本原则

教师作为行动研究者，具备了问题意识和浓厚的研究兴趣后，就可以为自己选择具有挑战性的研究问题了。那么，教师可研究的问题有哪些？如何选择研究问题？

教学过程的复杂性决定了教师可以研究问题的多样性。国外有学者将教师研究的问题归纳为三种基本类型：描述性问题、差异性问题和相关性问题。描述性问题指的是单纯问"是什么"的问题。例如，"实行探究性教学一个月后，学生会发生什么样的变化"等问题。差异性问题是一个做比较的问题，即比较两种或多种现象之间的差异。如，"探究式教学与传授式教学在教学效果上是否有所不同""大班的学生和小班的学生是否会具有不同的学业成就"等都属于差异性问题。相关性问题是探讨两种或多种因素之间相关程度的问题。比如，"合作学习与学生的学业成就的相关程度如何""学生的学习态度与父母的教育方式关系有多大"等问题。但是，教学中的很多问题对于教师来说并不都是可以研究或值得研究的。教师在选择和确定研究问题时还要遵循以下几个基本原则。

（一）问题要有研究价值

研究是实现教师专业发展和学校发展的重要途径，需要教师精心准备和全心投入，需要花费相当多的时间、精力和资源。因而，教师选择的研究问题首先必须要有研究价值，也就是说所选的问题要值得研究，否则即便是皓首穷经也毫无意义。

教师选题是否有价值可以从三个方面来衡量：一是研究的问题是否对改善教师的教学实践、提高教学效能、提升教师的专业水平有帮助；二是研究的问题是否有助于提高学校或学生的发展水平；三是研究的问题是否体现了教育教学改革的精神和理念，是否有助于深化和推进教育教学改革。

在研究过程中，确实存在着一些教师因不善于选题，或者选择了一个没有研究价值的问题而浪费了太多时间和精力的现象。比如，有一位教师在对班级中一些平时表现比较突出、学业成就比较好的学生进行观察后发现，这些学生都具备一个共同的特征，就是着装都比较好。因此，他开始研究"学生着装与学业成就的关系"。显然，这是一个没有多大研究价值的问题。因为，衣着好只是这些学生的一个外在特征，它与学生学业成就没有必然的联系。即使通过研究发现了两者之间存在着某种程度的相关性，对教师改进教学意义也不大，因为教师不能要求每个学生都穿更好的衣服来上课，更不可能给穿着比较差的学生重新换一套服装。再比如，由于受应试教育和择校的影响，一些学校为了提高自己的声誉，在升学考试上大做文章，导致一些教师把研究的主要问题都集中在"如何提高学生的应试能力上"。这类问题的研究不仅耗费了教师大量的精力，而且与素质教育背道而驰，显然也是没有多大研究价值的。

因此，选择一个有研究价值的问题首先需要研究者对教育问题有深刻的理解和把握，需要研究者对教育实践充满了热情，并密切关注重大教育改革事件和最新研究成果。

（二）问题的科学性

问题的科学性要求教师所选择的问题必须尊重科学发现问题的程序，按照科学的方法进行论证。论述观点时要以客观事实为基础，而不是单凭主观臆断。比如，你看到某些学生经常在化学课上睡觉，就据此认为这些学生学习不认真或者不喜欢化学课。从研究的角度来讲，这位教师应该对相关的教师和这些学生进行访谈，探究到底是什么原因导致这些学生在化学课上经常睡觉，是学生自身的问题，还是化学老师的课索然无味，抑或化学课的时间安排不当，等等，这些都需要教师运用科学的研究方法，在调查研究的基础上确定问题和原因。

问题的科学性还要求教师在提出问题时要以教育教学理论为基础，教育教学基本理论对教师研究选题具有定向、规范和解释的作用。没有一定的教育教学理论做依据，教师选择的研究问题难免存在一定的盲目性。

（三）问题的现实性

问题的现实性源于教师行动研究的性质和目标。教师行动研究是教师一边在行动，一边做研究，行动在研究中发生，研究在行动中进行，两者浑然一体。因此，教师研究的问题更多是对当下教学行动的思考，过去的教学现象和教学问题即便仍然有研究的价值，也是为改进当下的教学实践服务的，而不是停留在历史研究中，这是教师行动研究的定位和性质所决定的。教育的情境下决定了教育问题的历史性，一个时代有一个时代的教育命题，只有关注当下，关注身边每天发生的日常教育现象，研究选题才具有更强的针对性，才能真正达到通过研究改善实践的目标，让教师感受到研究的价值和魅力。

（四）问题要具体明确

教学中的问题很多，而且问题与问题之间可能存在着千丝万缕的联系，有时候，我们发现的问题可能是一个问题链。但是，作为研究的问题，其范围一定是有限的，一定要具体化。因此，必须加以选择和聚焦，界定清楚研究的问题是什么。研究的问题越笼统、越大，包含的子问题越多，越不便于开展研究。从方便研究的角度而言，问题的范围越小、越具体越好。

比如，有一个教师在初次选择研究问题时，把研究选题界定为"某校青年骨干教师的培养与任用研究"。这个选题其实包含了两个问题，即"培养问题"和"任用问题"，而"培养"和"任用"的内涵、性质和任务都非常不同，研究的理论视角、问题和方法也有很大不同。在一个研究中要把这两个性质不同的问题都研究清楚是很困难的，所以，需要进一步细化，将研究集中到一个问题上来。但是，即使在"培养"和"任用"两者之间任选其一，仍然难以开展研究，关键就在于这两个问题中包含了太多的子问题，无法看清楚研究者究竟要研究什么。通过层层挖掘和细化，最终，该教师将研究问题界定为"某校促进青年教师专业成长的策略研究"或者"某校青年教师专业成长的问题与对策研究"。虽然标题的表述并没有多少新意，至少从题目中能够一眼看清楚研究者的意图和想要解决的问题，研究主要聚焦在促进青年教师专业成长的策略上，而且将研究范围限定在一个学校内，具有更好的可控性。问题表述具体明确就是要使研究的对象、问题、目标一目了然，而不是让人觉得云里雾里。

所以，教师在确定研究问题的过程中，不能一味贪大求全，要从小处着手，以小见大。但是这一点说起来很容易，做起来非常困难，因为选择一个问题的水平不仅是一个技术问题，更是思维问题，它反映了研究者的研究素养，需要长时间的训练和积累。解决这个问题的最好办法就是不断地尝试做研究，不断地与专业研究者对话和沟通。

（五）问题要有可行性

有时候，我们发现了一个很有价值的研究问题，也相当新颖和独特，并具有非常重要的现实意义，但就是没法展开研究。这时候，就需要考虑所选择的研究问题是否具有可行性。所谓可行性就是指教师选择的问题能否被研究，也就是说，在现有的时间、资源、能力和政策条件下能否顺利开展。考察研究问题是否具有可行性可以从以下三个方面入手。

一是客观条件。包括研究可能涉及的资料、研究设备、时间、经费、人员等,能否为开展研究提供基本的支持。教师在研究之前,可能会遇到学校图书资料相对较少、网络设备不健全、研究经费和研究时间不足,以及参与研究的人员较多但真正能发挥作用的人可能很少等问题。教师在选择研究问题之前,应充分考虑这些外在的客观因素,力求在现有资源条件下完成自己所要研究的问题。比如,有教师选择研究"中小学教师的职业倦怠问题",这就超出了客观条件的许可。因为这是一个涉及很大样本的问题,教师的调研资源、时间、研究的经费、数据处理的技术可能都不具备,开展起来也非常困难,如果把它界定到本校范围内,做一个小范围的案例研究就变得简单易行多了。

当然,强调客观条件对研究的制约,并不意味着客观条件不可改变,也不意味着学校研究条件差,教师就可以不研究了。其实,有些资源完全可以从校外获得,如研究资料的收集、研究人员的组成等。教师在选择研究问题前,既要考虑客观条件的可行性,又要发挥主观能动性,尽量为研究的顺利开展创造或争取适当的条件。

二是主观条件。研究者本人的知识结构、理论水平、经验、专长、兴趣等都会在一定程度上制约教师研究的顺利开展。教师在选择研究问题时应该充分考虑自身的特点,在自己的能力范围内选择一些问题进行深入研究,积累知识和经验,逐渐解决教学中的疑难问题。一般来说,中小学教师不宜选择那些纯理论的问题,比如,什么是教育公平、什么是素质教育、小学生的思维特征等,这些理论性的问题需要有相当的理论积累才能进行研究。教师研究的问题更多地属于实践领域和操作层面上的问题。比如，小组教学如何分组，课堂中如何关注到每一个学生，如何提高学生的写作能力，等等。这些问题比较符合教师的主观、客观条件，相对容易开展。

三是政策环境。教育活动的发生受教育政策的规范与引导，因此，教师研究的选题必须与现行的教育政策相吻合，否则，研究的问题可能会背离教育发展的趋势和要求，把学生、教师自身甚至学校的发展引向错误的轨道。教师在选择研究问题之前，应该认真熟悉当前有关教育改革的指导性文件，特别是关于教育改革的主要思想和主要措施，以免自己的研究问题与教育政策的发展相脱节。比如，在小学单纯强化学科知识教学可能不是当前教育政策的方向，而如果研究课程培养的核心素养就非常契合教育改革的需要。

四是关于教师研究的新颖性和独创性问题。当然，对于一个规范的学术研究来说，新颖性和独创性是研究的生命和价值所在。但对于一线教师来说，由于教师的角色和任务与专业研究人员不同，加之研究经验和知识背景也有比较大的差距，一线教师很少也很难涉足别人从来没有研究过的领域，因而，教师研究未必一定要追求新颖性和独创性。如果从广义的角度来说，新颖性和独创性也不仅仅指开创别人从未有过的研究，或者提出别人从未提出过的问题和观点，同样的问题换一种情境，换一种研究方法，换一个研究对象，都是一种创新。尤其对教师行动研究来说，每个教师所处的研究情境、所选择的研究对象、所使用的研究方法、收集到的研究数据都是不同的，提出的解决策略也不可能完全相同。因而，新颖性和独创性对于教师的行动研究来说是内在生成的，不需要刻意去追求。

当然，教师行动研究也不能总是重复别人的做法。教师要使自己的研究真正有价值，就必须在研究之前广泛阅读，检索文献，了解相关的研究成果，做好文献研究工作。这样既可以避免不必要的重复，也可以在已有的研究成果上拓展出新的内容。

◎ 思考题

1. 如何理解问题对于研究的重要性？
2. 在日常教育教学工作中，怎样培养我们的问题意识？
3. 怎样找到一个有价值的研究问题？

第四章 文献：研究的基础

上穷碧落下黄泉，动手动脚找东西。

——傅斯年

第一节　文献的内涵与功能

文献研究既是一种独立的研究方法，也是任何研究开始的基础。广泛阅读和认真分析相关文献可以帮助研究者了解他人在类似研究上所做的贡献；帮助研究者理清思维，提出科学的研究假设；也有助于研究者理解类似研究的主要观点、最新进展，尤其是可以为研究者提供再次研究的方向和经验。所以，做好文献查阅、整理和分析工作是保证研究质量的重要前提。

长期以来，中小学教师对行动研究存在着一些认识误区，认为行动研究既不需要什么理论指导，也不需要什么特别的方法，更无须遵守什么程序，只要行动起来就足够了。显然，这种认识还没有把属于研究的行动与属于日常教学的行动区分开来，在某种程度上可以说是只有"行动"，没有"研究"，存在把研究简化和庸俗化的倾向。

研究作为一项规范的实践活动有其自身的逻辑和原则，不论是发生在大学里的学术研究，还是中小学广泛开展的行动研究，其基本程序大致是一致的，而不是因为你从事的不是学术研究，就可以另辟蹊径，绕过一些必要的环节或省略一些关键步骤。文献综述就是所有研究活动都必须经历的环节。我们经常会把文献作为研究活动的一个要素，将其与问题和方法统称为"研究三要素"，也就是说，任何研究都必须具备这些基本要素，缺少其中一个都不能称为规范的研究活动。在以实验为主的自然科学研究方法进入社会科学研究领域之前，从某种程度上说，很多研究其实就是文献研究，人文科学领域尤其如此。正如当年北京大学代理校长，后来做了台湾大学校长的傅斯年在谈到研究时所言，"上穷碧落下黄泉，动手动脚找东西"，就是强调做好文献对于研究的重要性。

一、什么是文献

文献，"指记录有知识的一切载体，即以载体形式传递知识。口耳相传和实物传递则是非载体形式。文献是记载人类知识最重要的手段，是传递、交流研究成果的重要渠道和形式"[①]。文献作为一种主要情报源和信息源，是开展研究的重要素材。教育文献是指一切用各种符号形式保存下来的、对教育研究具有参考价值的历史资料，包括图书、报纸、期刊论文、研究报告、学位论文、档案、教师日记、工作日志、实物形态的材料、音像和电子资料等。

随着科学研究和技术的发展，被保存下来的文献越来越多，可以说是浩如烟海。按照不同分类标准，文献可以分成很多种类，比如，从来源看，有著作类的、期刊类的、报纸类的；从存在形式看，有文字的、非文字的；从保存形式看，有纸质的，也有电子的。不同类型的文献对于研究的价值有比较大的差别。如果从对研究的价值来说，根据文献被加工的程度，可以分为如下四类。

（一）原始文献

也有学者称之为"零次文献"，它是事件经历者所撰写的，也是

[①] 裴娣娜. 教育研究方法导论[M]. 合肥：安徽教育出版社，1995：88.

没有经过任何加工和修饰的原始材料,如未发表的书信、手稿、讨论稿、草案和原始记录等。学校里常见的原始文献有教师日志、师生之间交流的信件、教师博客上的个人教学感悟、教案、学生作业、学校各种会议记录等。此外,教师与他人包括管理人员、同行、学校职员、学生、学生家长、社区成员等之间的谈话记录,都属于原始文献。原始文献最初不是为了研究才有的,因而较好地保持了事件的原貌,能够给研究者提供丰富的、鲜活的信息。从研究的角度来说,原始文献的研究价值最高,但是比较难获得,同时在涉及个人隐私的情况下可能还会有伦理风险。

(二)一次文献

一次文献是在原始文献基础上加工过的文献,包括专著、论文、调查报告、档案材料等以作者本人的实践为基础所创作的材料。一次文献的特点是分布很广,容易获得,并具有较高的研究价值。

(三)二次文献

是对原始文献加工处理,使之系统化、条理化的检索性文献,一般包括题录、书目、索引、提要和文摘等。二次文献是对一次文献的再认识和再梳理,具有报告性、汇编性和简明性等特点,是检索工具的重要组成部分,可以帮助研究者在短时间内最大范围地搜索到相关研究信息。

(四)三次文献

是在二次文献基础上对某一范围内的一次文献进行广泛的、深入的分析研究后综合浓缩而成的参考性文献,包括动态综述、专题述评、进展报告、数据手册、专题研究报告等。这类综述性文献对某一问题的梳理和分析比较全面，浓缩度高、覆盖面宽、信息量大，具有综合性、浓缩性和参考性等特点。

由于经过了作者的加工和提炼，一次文献、二次文献和三次文献也通称为"第二手文献"。

当然，以上对于文献类型的划分也只是相对的，有些材料在不同的研究情况下，分类也会不同。比如，中学教材《历史与社会》，在研究某个历史事件被拿来做参考时就属于第二手文献，因为它是经过了加工和提炼的，而在研究历史教材的变化中，它又属于原始文献了。不同的文献对于研究的价值是不同的，对于一个专业研究人员来说，原始文献往往是最有价值的参考文献，原始文献使用得越多，该研究的价值可能就越高。但是，获取原始文献需要耗费大量的时间、精力，甚至是财力，而且对原始文献的分析也需要相当的理论基础和科学的方法。因此，对于教师来说，原始文献往往并不是开展研究的主要文献。一次文献、二次文献和三次文献因其广泛性和易获得性而成为教师研究的主要参考文献。

二、文献的功能

（一）帮助研究者确定研究问题

一般来说，我们选择了一个课题开始研究，这个课题实际上只是一个话题或者是一个主题，是一个相对比较大的问题域，还不是一个具体的研究问题。比如，你选择了"普通高中分层走班教学的实践研究"，很显然，你是想要研究分层走班这个主题，但是"分层走班"一定有很多人都研究过，他们都研究了哪些问题、得出了哪些结论、提出了哪些可以操作的方式等，这些研究过程和成果需要在研究前有一定的了解，而当你熟悉了这些研究成果后，你就会发现还有哪些问题没有研究过，或者研究得不够深入，然后你就可以顺着这个路径去思考，提出自己想要研究的问题。

（二）可以有效避免重复劳动

一个研究的价值不仅在于培养教师个人的科学态度和科学方法，更重要的是要有所发现，也就是研究的创新性，尤其是对于实用性很强的行动研究来说，更是如此。如果你研究的问题、使用的研究方法和工具、研究结论和建议，甚至研究对象与同类研究都没有什么差异的话，几乎就是一个重复的研究，已经没有多大意义了。很多教师申报课题时为了突出自己研究课题的创新性喜欢用"填补空白"这样的语言，显然是言过其实。实际上反映了研究者没有很好地查阅文献，不了解同类研究成果。所以，为了避免这种现象出现，唯一的办法就是多读文献，深入了解前人的研究成果，找到自己研究的突破口，从而使自己的研究既"站在前人的肩膀上"又做到不重复，才能展现自身研究的价值，才能把有关此类的研究推向深入。有一个很好的办法可以帮助我们判断研究是否可能重复，当我们把研究的关键词输入各种文献库去查阅时，发现有关此类的文献浩如烟海，这时候重复的概率就很高；如果文献很少，那么有可能你选择的问题具有很大的创新性，但是也有可能这个问题不值得关注和研究。一般来说，后一种情况的概率会更高，因为作为一名教育实践者，我们能够做的开创性研究是比较少的，而且在可参考的文献较少的情况下开展研究的难度也非常大。

（三）提高研究的理性水平

研究本身是一种理性实践活动。研究的理性水平在很大程度上取决于研究者用什么样的理论、方法和工具来开展研究。一个研究如果在运用理论、方法和工具方面都有一些独到的地方，这就是一个好的研究，即便只是在其中一个方面有独到之处也是做了贡献。没有对前人研究成果的认真梳理和总结，就很难建立自己研究的理论基础或者理论视角，也很难在方法和工具上有所突破。所以，无论哪个国家、哪个大学，在审核学位论文时，都把文献综述作为论文质量的一个重要指标。充分地阅读文献，为自己的研究确立很好的分析框架和角度，选择合适的研究方法和工具，才能真正走出一线教育研究低水平重复的怪圈。

显然，从当前的教师研究实践来看，文献的价值和功能仍然没有受到足够的重视。一些人认为，中小学教师做研究主要是解决教学实践问题，是个人对教学的反思行动，不需要查阅文献。这一点可以从当前很多指导教师研究的书刊中看出来。在这些书刊中，大家很少提到教师要阅读文献、如何查阅文献和做文献研究。实际上，对于教师来说，阅读和分析文献是培养自己的理性思维、提升自己的理论水平所必不可少的步骤，尤其是对于那些理论知识相对欠缺的教师来说，查阅文献更是研究之初必须要做的工作。否则，所做出的研究就难免流于浮躁和肤浅。从某种意义上说，阅读文献是教师与相关研究者或专家进行的跨时空的对话与交流，这种"不在场"的合作对于研究者的启发和帮助有时比同事之间的现场合作效果可能还要好。

有一次，我参加了教师 Z 的一堂公开课的听课活动。在课后组织听课教师进行评课时，许多教师都因课堂上 Z 老师没有给到学生平等的发言机会而对 Z 教师提出指责。有的教师还给出了确切的统计数据,某某学生被提问 5 次,某某学生被提问 3 次,某某学生没有被提问到,等等。因为在他们看来,教师要在课堂上照顾到全体学生,要给予所有学生相同的提问和回答机会,否则就违背了课程改革关于"教育要面向全体学生"的要求。显然,这里面隐藏了一些更重要的问题,比如,什么是课堂教学公平,衡量课堂教学是否公平的标准是什么,课堂教学公平受哪些因素影响,如何有效保证课堂教学公平的实现,等等。大多数教师都把课堂教学公平等同于学生提问和回答老师问题的次数。被批评的 Z 老师为此感到十分困惑,他的班里有 70 多个学生,如果每个学生都给一次发言机会的话,45 分钟的课堂教学时间显然是不够的。再者,每个学生的积极性也不一样。有的学生积极性很高反复举手,如果教师不给他机会,他的课堂参与积极性就会受到影响,甚至还可能会出现捣乱行为;而有的学生就算教师再鼓励他,他也很少举手,但这并非意味着他没有参与课堂学习。

  为了解决这一疑惑,Z 老师决定通过查阅文献来搞清楚到底什么是"课堂教学公平",如何才能做到"课堂教学公平"。通过查阅,Z 老师发现他的同行们对"课堂教学公平"这个概念有一定的误解。真正的"课堂教学公平"不是仅凭学生发言次数来反映的,而是反映在学生参与课堂的机会,其本质是"有教无类"和"因材施教"。课堂教学公平目标的达成是通过教师课堂内容的安排、讲解的深浅程度、课堂关注的范围,甚至是通过教学组织形式和作业设置来体现的,而并不是要给予每个学生同等次数的课堂发言机会,这恰恰需要因人而异组织教学。为了实现课堂教学公平,教师在课堂上可以采取不同方式让更多的学生参与到课堂中来。例如,有的学生性格非常外向,乐于积极发言,那么就可以多给他几次机会;有的学生性格内向,喜欢独立思考，不太喜欢在课堂上表现自己，那么，教师就可以采用另外一种方式来表示对他的关注，如一个鼓励、肯定或欣赏的眼神，课堂上不经意的一两句表扬等。通过查阅文献，Z老师还进一步了解到"教学机会的不平等"是目前班级授课制的重要缺陷，尤其是在大班额的情况下，这种机会不平等的情况更为明显。不仅如此，通过阅读文献，Z老师还掌握了很多缓解课堂教学公平矛盾的有效方法，比如，控制班级规模，推行小班化教学、分层教学，以及增加与学生私下单独接触和辅导的次数，等等。由此可见，查阅文献对于教师发现问题、研究问题和解决问题的重要作用。

第二节 学会检索和分析文献

一、文献的分布

在信息网络社会，文献十分丰富，在百度上输入任何一个关键词，得到的信息都是海量的，令人目不暇接，但真假难辨，良莠不齐。这既给研究带来了极大方便，同时也增加了很多查找和辨识的负担。究竟哪些材料可以成为教师研究的文献、从哪些渠道得到的文献是比较可靠的，这些问题就非常值得关注。

一般来说，教育研究的文献主要分布在以下几个领域。

1. 日记、回忆录和自传

如班级日志、教师个人自传、教师公众号等。

2. 信件

师生之间、教师与家长之间、教师同行之间的交流信件以及电子邮件。

3. 多媒体资源

如电影、电视、光盘、网络等，尤其是在网络上，目前分布了大量的教育文献。教师要学会利用各类数字图书馆、中国学术期刊网、学术搜索引擎等权威网站搜索与自己研究问题相关的文献。

4. 书籍

如教育理论和实践研究著作、教科书、工具书等。

5. 报纸和杂志

报纸类如《人民日报》《光明日报》《中国教育报》《中国教师报》等刊载教育信息的报纸。杂志一般可分为三类：一是偏重理论的，如《教育研究》、《教育学报》、《教师教育研究》、《教育研究与实验》、《北京师范大学学报》(社会科学版)、《华东师范大学学报》(教育科学版)、《教育科学》等。二是偏重实践的，如《人民教育》《中小学管理》《中国教师》《班主任》《现代中小学教育》《基础教育研究》等。三是综合性教育期刊，如《中国教育学刊》《比较教育研究》《课程·教材·教法》《外国教育研究》《教育发展研究》《上海教育科研》等。对于广大中小学教师来说，可能更需要关注的是偏重实践和综合类的教育刊物。

第1、第2领域往往是获得原始文献的主要来源。第3、第4、第5领域可以方便地获得一次、二次和三次文献，也是教师开展研究的主要文献来源。

二、如何检索文献

文献检索大体上可以分为三个阶段。

第一阶段，分析和准备阶段。包括分析、研究选题，明确自己要检索的范围，确定检索方向，包括要检索的杂志种类、类似研究论文的作者、关键词的选择等。比如，要研究"教师专业发展"这一问题，那么，检索范围基本可以限定为"教师教育"，第一次搜索的关键词可以限定为"教师"，然后在已检索到的文献范围内再以关键词"专业发展"进行第二次搜索。搜索时，可以确定搜索的杂志类别和等级，还可以对相关权威研究者的材料进行重点搜索，这样就可以比较方便、快捷地找到相关的文献。

第二阶段，搜索和分类阶段。利用中国学术期刊网搜索到的文献可以在电脑上建一个文件夹，按主题集中存档，收集完毕后，可以将电子文档进行归类和摘录。在图书馆搜索到的纸质文献，如果带着电脑也可以随时摘录并记好出处，如果只有纸质笔记本，应及时摘录并记好出处。

第三阶段，加工和整理阶段。对检索和摘录的文献进行二次筛选，剔除掉与自己研究问题关系不大的文献，并对一些关键性的文献进一步梳理和分析。

文献检索要注意以下两个问题。一是文献的来源。在信息网络社会里，获得资料的途径非常多，纸质文本已经逐渐被电子文本所取代，各种网站上的信息多如牛毛，而且内容良莠不齐，真假难辨，特别需要研究者有很好的识别能力，否则就会把宝贵的时间花在不必要的信息处理上，甚至有时候会被不良信息误导。二是文献的发表时间。我们正处于一个飞速发展的时代，知识创新的速度也在不断提高，很多在当时看来非常合理的观点过几年可能就变得不合时宜了。同时，教师研究更多的是一种面向实践、服务实践的研究，而实践又是在不断变化的。因而，教师研究过程中，所查阅和参考的文献最好是比较新的文献，时间应该以3至5年内为宜，特别是报刊文章。除非是做历史研究，一般不需要看太多时间久远的文献。

三、如何分析文献

（一）文献的价值分析

文献太多了，都认真阅读几乎不可能，也没有必要。那么，如何从浩繁的文献中找到研究所需要的资料，从而为研究节省更多的时间对于一线教师来说尤为重要。区别文献的一个重要方式就是要对文献进行价值分析，即从文献的层次、内容和来源来分析其对于研究的意义。

首先是层次分析。前面我们根据文献的加工程度把文献分成了原始文献（也叫零次文献）、一次文献、二次文献和三次文献。毫无疑问，原始文献价值最高，然后依据加工程度，研究价值递减。选择和识别文献的层次可以从形式上为研究者选择文献提供一个基本的判断依据，而不需要一篇一篇地读。

其次是相关性分析。即便文献层次再高，如果与研究没有关系，或者关系很弱，文献的价值也不高，只有与研究高度相关的文献才具有极强的参考和分析价值。研究者可以根据文献的标题、研究的关键词和内容提要来判断其与研究的相关程度，这样不仅可以快速挑选出最相关的文献，还可以大大减少文献的阅读量。比如，有一位教师选择了一个研究问题，题目为"以团队建设促进教师专业发展的策略研究"。那么，他需要搜索的文献包括团队建设、教师专业发展，以及团队建设与教师专业发展的关系等。检索后可能发现，有关最后一个问题的文献比较少，这说明这一部分正是他的研究所要解决的问题，也正是他的研究的价值所在。

再次是文献的权威性分析。研究成果的权威性主要来自同行的认可，获得认可度越高的文献研究价值也越高，因此，引用文献的权威性通常也被用来作为判断一项研究成果价值的一个重要依据。对于专业研究者来说，区别文献的权威性与否比较容易，只要看一下杂志的权威性和作者的知名度大抵就能做出判断，但这对一线教师来说还是比较困难的。众所周知，期刊是分级的，各种期刊索引实际上就是期刊分级的一种表现，比如，我们通常所说的核心期刊就是一种期刊分类方式，核心期刊相对于非核心期刊具有更高的参考价值。在核心期刊中又分为 A 类、B 类和 C 类，价值也是不一样的。当然，这只是相对而言，并不能作为判断文献价值的唯一依据，可以为研究者在筛选文献时提供一些参照。相比于期刊分类，文献作者在判断文献权威性上的意义可能更大。在一个领域或者一个主题上长期从事研究并提供了大量的科研成果的研究者肯定比同类研究的新手或者偶尔涉足该领域研究的研究者具有更大的影响力。

（二）文献的内容分析

前面所谈到的文献价值分析基本上属于文献外部分析的范畴，主要是获取相关的、可靠的和有权威性的研究资料。一旦有了这些资料，研究就有了很好的基础，接下来就要对文献的内容进行深入分析。文献内容分析也叫内容分析法，是一种定量分析的方法，就是选择一定的维度或者标准对文献内容做客观而系统的量化描述，然后从这个量化描述中得出一定的结论。简单而又常用的文献内容分析的方法是词频分析方法，这种方法有助于快速了解搜集到的文献资料的研究重点、主要研究内容等，也可以通过一些关键词的设定来分析文献的核心思想，比如，我们在分析一个政策文本时，把"公平"作为关键词去检索该词在文本中出现的频率，就能够大致判断这个政策的理念和趋势，如果"公平"这个词出现的概率很高，那就说明这项政策的理念和重点是要解决"公平"问题。

举一个更具体的例子来看一下内容分析在实际的文献研究中是如何应用的。一位研究者要研究一下近20年来有关教育治理改革的研究成果和研究趋势。于是，他在中国知网（CNKI）以"教育治理"为主题词搜到了共计239篇高质量文献（2003—2018年），通过对这些文献的梳理和分析，总结出如下的研究趋势、对象和热点（见图4-1）。

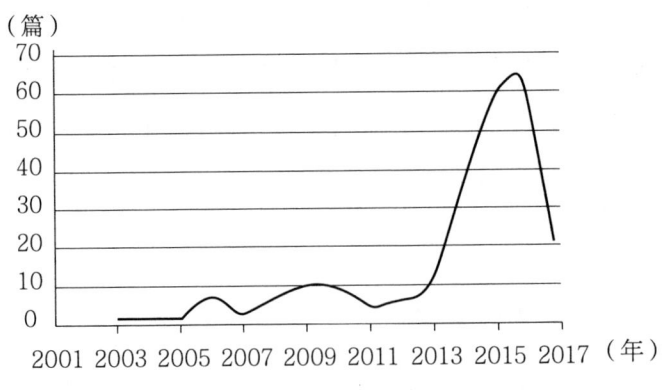

图4-1 "教育治理"研究文献数量分布与趋势

从上图可以看出，自 2003 年以来，有关"教育治理"的研究文献逐年增多，特别 2013 年之后，研究数量陡增，2016 年达到顶峰。

运用 SATI3.2 软件对收集到的文献进行关键词频率统计，并对内涵相似的关键词如"治理"与"教育治理"进行合并，选取频数大于 4 的关键词，得到表 4-1。从该表可以看出，关于教育治理的理论研究主要集中在教育治理现代化、教育治理体系、教育治理能力等热点内容，进一步分析可知，这些研究主要集中在高等教育和职业教育领域，鲜有涉及基础教育特别是义务教育领域的。除此之外，善治作为教育治理的价值追求为大多数研究者认可。大数据时代的到来，也使得研究者开始关注大数据应用与教育治理的关系。

表 4-1 "教育治理"研究关键词词频统计

关键词	次数
教育治理	99
教育治理现代化	42
教育治理体系	32
教育治理能力	28
高等教育治理	22
职业教育	21
高等教育	15
教育治理模式	12
善治	10
教育公共治理	9
治理理论	8

续表

关键词	次数
大数据	7
治理结构	5
多元主体	5
治理主体	5
教育管理	5
社会参与	4
美国	4
教育现代化	4
市场机制	4
自治	4
地方政府	4
全面深化改革	4
管办评分离	4

再运用社会网络分析软件 Ucinet6 和 Netdraw 对文献进行分析，得出图 4-2，图中方块的大小代表的是中心程度，方块越大表明该关键词出现的频率越高；两个关键词之间所连线条的粗细表示的是它们之间的密切程度，即线条越粗表明两个关键词之间的联系越密切。从图 4-2 可以看出，围绕教育治理概念本身，教育治理理论、治理主体、教育现代化、教育治理体系、教育治理能力、大数据、善治等关键词也受到广泛关注，而且教育治理体系、大数据与教育治理能力的关联紧密，表明这两者与教育治理能力之间存在某种逻辑关系。

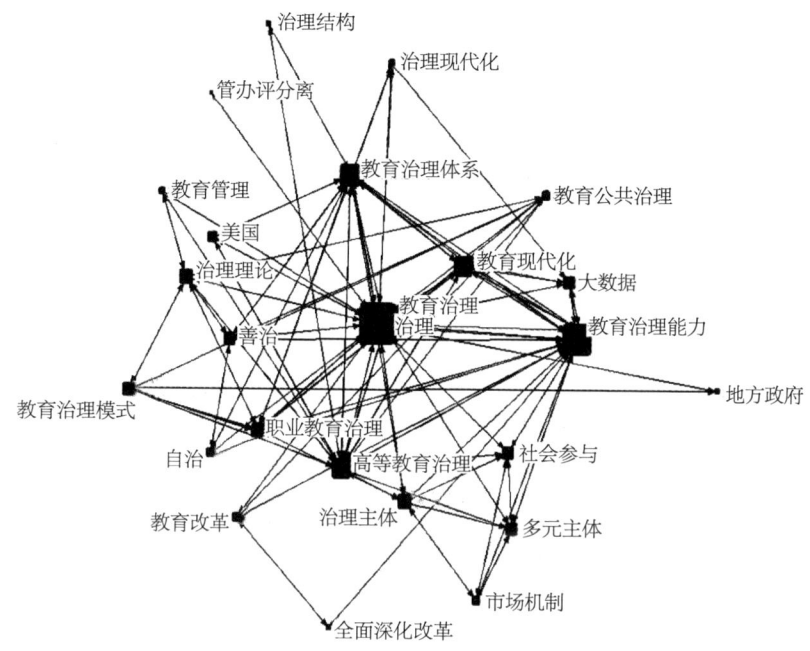

图 4-2　教育治理主要关键词关系图谱

从已有的研究来看，有关教育治理的研究内容主要包括以下几个方面：教育治理的内涵、教育治理的价值理念及适切性、教育治理的多元主体参与及其权责利、教育治理结构与机制、教育治理体系、教育治理能力以及大数据应用、公民社会与教育治理的研究等。

当然，从这些信息中我们还可以有很多有意思的发现，比如，在图 4-1 的文献数量与趋势分析中，可以清楚地看到"教育治理"研究的一个时间节点是 2013 年，而这个时间恰好是党的十八大刚刚结束，由此可以判断，党的十八大以后政治改革和教育改革的基本理念、政策重点和趋势对于研究者把握研究的方向很重要。

第三节 撰写文献综述

一、文献综述的基本要求

搜集、整理文献是研究的一项基础性工作，是研究质量的重要保障，但是搜集和整理不是目的，文献研究的最终目的是要撰写出高质量的文献综述，从而使研究者能够在充分把握前人研究成果的基础上，建构自身研究的框架和方向。要保证文献综述的质量，需要把握好以下几点。

一是文献综述的视野要开阔。《礼记·学记》中有一句话"学然后知不足"，就是说只有你不断学习，知道的东西多了，你才能了解自己的不足。阅读文献其实是一个非常重要的学习过程，而且这种学习是围绕特定的主题和问题展开的，比日常开放式学习的效果要好很多。所以，要尽量多地阅读相关文献，使自己的研究视野更加开阔，不要过于狭隘地限定在某个特定主题和某个特定的关键词上或者某个人上，比如，一线教师在做研究时都不太喜欢探讨概念，在对研究的核心概念做界定时，往往直接把某一个人的观点或者定义拿过来，这种做法虽然很省事，但是很容易出现一叶障目的现象，只有多做梳理和比较才能更全面地了解一个概念的内涵和各家各派的不同观点。

二是文献综述的内容要新。如何保证自己的研究不落后，有创新，就需要对本领域的新理论和研究前沿有一定的把握，不了解与研究选题相关的最新研究成果，你的研究可能还没有开始就落后了。我们经常在一线教师的课题申报书中看到"本研究弥补了某领域研究的空白"这样的表述，很显然这是研究者读的文献太少、太陈旧有关。教育是一个与时俱进，不断推陈出新的事情。因此，一线教师的行动研究应该关注更多的新理论、新政策、新实践，这样才能出新观点、新成果和新举措。

三是文献综述重在述评。述评实际上是两件事情，也是前后关联的两个环节。文献综述的首要任务是"述"。所谓"述"就是要把梳理的文献的主要观点转述清楚，要尽量保持"原味"，也就是客观性，在综述各家各派观点时不要带有偏见。但是"述"不是文献综述的目的，从某种程度上来说甚至不能代表文献综述的质量，因为综述不是罗列和堆砌，更重要的是你如何看待这些研究成果，也就是"评"，你怎么评价这些研究成果，包括视角、观点、方法和结论等，是检验一个研究者文献理解和分析能力的关键，研究者要能够在大量地陈述别人的研究成果和观点的过程中形成自己分析问题的视角和研究主张。

当然，要满足上面三个要求，文献综述必须要有一定的量，这一点在一线教师研究成果中是一个非常弱的部分。很多一线教师研究文献综述的量都非常少，有的甚至不足千字；更有甚者美其名曰"国外研究进展"，却一篇外文文献也没有看过或引用过。这些问题应该引起一线教师的关注，要确保在文献综述的量的基础上追求质。一般来说，一个研究项目或者课题，如果把相关研究的主要成果梳理清楚，文献综述的字数要达到8000—10000字，参考文献不少于30篇。

二、文献综述的格式

文献综述从结构上看一般可以包括以下几个部分。

一是序言或引言。主要是阐述文献综述的由来，文献选择的大致标准和范围，还可以说明文献综述的价值和意义。

二是相关研究的进展。这是文献综述的核心部分，也是正文部分，主要是对与课题研究相关的前人研究成果进行系统的梳理，总结该研究的历史发展脉络，包括主要观点、研究重点、研究结论、研究视角、研究方法与工具等内容。这个部分要力求客观，系统全面，语言要简要，条理要清晰。

三是评述，也是文献研究的结论部分，这一部分主要是对前面的研究成果进行评价，前面的研究已经解决了哪些问题，还有哪些问题尚待探索，这些研究在观点、结论、研究视角、方法与工具方面还存在哪些不足，有关该主题的研究未来需要在哪些方面寻求突破；尤其重要的是你的研究与这些研究有何关联，将在哪些方面做进一步拓展。

四是附录，主要是列出所阅读和参考的文献，说明引用文献的出处，一方面增加文献的可信度，另一方面也便于其他人在阅读该部分时进一步检索和研读。标示清楚文献出处，不仅是尊重别人的研究成果，更是研究规范的基本要求，是遵守学术道德和研究伦理的体现，对于一线研究者来说，这一点要非常重视。

[案例]

关于有效教学的文献综述

随着课堂教学改革的深入推进，教学的有效性成为当前学校教育和管理关注的热点问题。作为一所在区域内办学有较大影响力的规模化示范小学,加强课堂教学研究,提高课堂教学的有效性将成为提高学校办学质量的重要保证。

以"教学有效性"为关键词搜索文献,发现相关研究成果非常丰富,而且时间跨度很长,尤其是最近几年,研究成果非常集中。但是不同时期、不同国家、不同研究者对教学有效性的认识有很大差异。

国外关于有效教学的研究成果十分丰富,赫斯特通过课堂研究认为,有效教学最基本的条件有三:学生不仅学到了教师传授的大部分学科知识,而且学到了许多其他知识;课堂教学活动结束以后,学生还在继续研究和探讨上课内容;不是强迫学生学习,而是学生渴望学习。

美国学者鲍里奇(G. Borich)在《有效教学方法》一书中提出了促成有效教学的五种关键行为:(1)清晰授课;(2)多样化教学;(3)任务导向;(4)引导学生投入学习过程;(5)确保学生成功率。同时还提出了与有效教学有关的一些辅助行为:(6)利用学生的思想和力量;(7)组织结构;(8)提问的艺术;(9)探询;(10)教师影响。

联合国儿童基金会相关教育与儿童发展项目提出,有效学习,就是指进入学校的学生,能够把学校所要教授的内容学会、学懂,体验到学习成功的快乐,保证学习的质量。这就要求学校:(1)促进高质量的教和学的过程:适合每一个儿童学习需要、能力和风格的教学过程;创设主动、合作、民主、关怀不同性别学生的学习过程。(2)提供结构性的学习内容和高质量的教材、资源。(3)提升教师的能力、士气、责任心、地位及收入。(4)促进高质量的学习成果:帮助学生认识到他们需要学些什么,教会学生如何学习。

关于有效教学,中国也有不少探索。早在春秋时期,我国大教育家孔子就提出教学的有效性问题。"告诸往而知来者"(《论语·学而》)的意思是告诉你由过去可以推知未来。这里的"往"表示过去的知识、经历,即原有认知结构中的"旧"知;"来者"指未来的事情,也包括尚未了解的事物,也就是"新"知。所以这句话就是阐明"新"知与"旧"知之间有密切的联系,要了解、掌握"新"知,应该将它和"旧"知联系起来。"不愤不启,不悱不发,举一隅不以三隅反,则不复也。"当学生处于积极思维状态时教师才适时地诱导、引发,帮助学生打开知识的大门,端正思维的方向,达到举一隅以三隅反的目的。同时孔子还提出了循循善诱、因材施教、学思结合、知行统一、温故知新、循序渐进、叩其两端等行之有效的方法。其实,这就是对有效教学的建构。孔子明确地指出有效教学要着眼于学生的"思",强调为学生搭设思维的跳板,让他们向更高、更远的思维层面飞跃,并较好地展现课堂中教与学、疏与密、缓与疾、动与静、轻与重的相互关系,让课堂波澜迭起、抑扬有致、多元呈现。

我国近代教育家的思想也为有效课堂教学提供了重要的理论指导。教育家陶行知先生的教育思想对课堂教学的有效性有着极其现实的指导意义。陶行知先生指出,"智育注重自学",强调学生的自主学习精神,会学习才能有创造。陶行知认为"好的先生不是教书,不是教学生,乃是教学生学""先生教的法子必须根据学生学的法子",教师运用启发式教学方法是发挥学生主体作用的重要途径。只有尊重学生的主体地位,才能产生和谐,才能谈得上课堂教学是否有效果,才能使课堂教学目标有效落实,才能形成课堂合力。陶行知提出"体验、看书、求师、访友、思考"为途径的五路探讨法，指出"生活教育是生活所原有，生活所自营，生活所必需的教育"。"生活即教育，生活教育是供给人生需要的教育，不是假的教育。人生需要什么，我们就教什么。"有效教学是"人本"思想的体现，是课堂教学的出发点，是素质教育的要求。

关于有效教学的流程、训练与巩固，江苏洋思中学提出"课堂作业当堂完成""明确课堂教学目标"，明确每一章每一节乃至每节课的素质教育目标，上课坚持用"示标—导标—测标—补标"目标教学法，大胆跳出了单纯"认知"的圈子。他们特别强调课堂"教学目标"必须素质化，在此基础上改变学生的学习方式。问题让学生自己去揭示，知识让学生自己去探索，规律让学生自己去发现，学法让学生自己去归纳，效果让学生自己去评价，从而形成了"先学后教，当堂训练"课堂教学的基本结构模式，其教学过程分为"先学""后教""当堂训练"三个基本步骤。山东杜郎口中学提出"三三六"自主学习模式，即课堂自主学习三特点——立体式、大容量、快节奏；自主学习三模块——预习、展示、反馈；课堂展示六环节——预习交流、明确目标、分组合作、展现提升、穿插巩固、达标测评。"三三六"自主学习模式以学生在课堂上的自主参与为特色，课堂的绝大部分时间留给学生，教师仅用极少的时间进行"点拨"。他们把这种特色叫作"10+35"（教师讲解少于10分钟，学生活动大于35分钟），或者"0+45"（教师基本不讲）。同样倡导了有效教学的三个观点："关注生命、关注实践的教育观""主体自主发展的学生观""建构主义的学习观"。

刊登在《教育发展研究》2005年第5期上的课程改革实验区追踪评估的报告通过调查问卷、座谈等方式了解新课程有成效之处，了解到教师的课程观发生了明显的变化。教师的专业发展和课程资源开发意识增强，教师的教学观和学生观发生了很大的变化。同时，教师也正努力将课堂变成民主学习和交流的场所。学生在座谈中普遍反映，现在的课堂教学形式多样，经常开展讨论、交流和合作学习，让大家共同提高；老师们多采用鼓励性的话语，比以前和蔼可亲了；学习内容也宽泛多了，经常能够接触社会，从生活中学习、思考。教师讲、学生听、死记硬背、机械训练、单一的接受式学习的现象减少了，学生自主学习、相互协作、主动探究等方式开始在课堂中运用。问及学生"现在学习的主要方式"，处于前三位的学生回答分别是听老师讲课、与同学讨论交流、自己预习复习。新课程使学生的学习过程更多地成为发现问题、提出问题、解决问题的过程，成为师生、生生不断对话、交流的过程。但存在的问题正如前面所说，部分课堂教学存在单纯追求形式的现象。调查发现，有的课堂教学虽然表面气氛活跃，学生展开了讨论、探究、合作，但是往往过于看重形式上的东西，学生并没有得到实质性的发展和提高，教学缺乏有效性。因此，要关注课堂教学的有效性，把新课程落到实处，防止课堂教学的表面"繁华"与"热闹"。

东北师范大学马云鹏教授在《对新课程改革实验状况的调查与思考》一文中，介绍了通过问卷调查的方法，发现教师的课堂教学观和教学实践已经开始摆脱传统课堂教学的束缚。在教师的心目中，一堂好课的标准依次为：（1）学生在情感、态度、价值观等方面有所发展。（2）学生参与广泛，师生充分交流。(3)学生自主思考,探究学习。(4)课堂气氛和谐、民主。(5)组织合理,方法灵活多样。(6)教师讲授系统、准确。(7)基础知识扎实。(8)课堂秩序井然。

叶澜教授也以"什么样的课才算好课"为题对这一问题进行了探讨,所谓好课就是有效教学的课。她认为"扎实、充实、丰实、平实、真实"的课就可以算好课了。"扎实"的课是有意义的课,即学生学到了知识,锻炼了能力,在过程中产生了良好的、积极的情感体验,并激发了进一步学习的强烈需求,而且越来越主动地投入学习。"充实"的课是有效率的课,首先就广度而言,对全班学生中的多少学生有效率,其中包括了好的、中等的、有困难的,具有不同的效率。其次是效率的高低,如果没有效率,或者只是对少数学生有效率,这都不能算是一堂好课。"丰实"的课是有生成性的课,即这样的课不完全是预设的结果,在课堂上有师生之间真实的情感、智慧、思维、能力的投入,尤其思维是相当活跃的,在整个过程中有资源的生成,又有过程的生成。"平实"的课是常态下的课,"真实"的课不是虚假与作秀的课。这些都建立在对课的效果评价上。

浙江省平阳县实验中学的周明和华东师范大学课程与教学研究所邵朝友的论文《两个课堂教学有效性标准框架的启示》一文中运用比较研究的方法,对由罗兰·萨伯(R. Tharp)领导的芝加哥大学教育多样化、卓越化研究中心(CREDE)开发的5条课堂教学有效性标准,与由夏洛特·丹尼尔森(C. Danielson)负责的于1996年研制的"专业实践构成框架"所划分的4个领域、22个成分、66个元素进行了比较,发现了有效教学标准的一些共性:

（1）教学以学生的进步为宗旨。教师要常常对自己的教学行为进行反思，多问问自己：教学是为谁服务的？学生在我的课堂上能学到什么？这些知识对他们将来的学习、生活有意义吗？学生的进步具体包含了哪些内容？等等。当教师把这些思想内化为自觉的意识时，他的教学实践就不会"迷失方向"。（目标意识）

（2）教师要充分地备课。备课是教学的首要环节，充分地准备才能保证备好课，备好课是上好课的先决条件。研究表明，教师授课前精心备课，事先计划和组织好教学，可以减少教师授课时用在课堂组织和管理上的时间，使教师有更多的时间用于教学。（预设意识）

（3）创建促进学习的课堂环境。常规和程序的重视、具体环境的安排、学生行为规范和要求的制定，以及良好的师生关系、生生关系是好的课堂教学的前提。良好的课堂环境包括物理环境、人文环境。有效的日常规范使得学生花费在等待活动开始的时间、各种活动的转换时间、坐在那里无所事事的时间、从事不良行为的时间等最小化。（文化意识）

（4）更鼓励学习活动的深度。学生的参与状态，既要看参与的广度，又要看参与的深度。就广度而言，学生是否都参与到课堂教学中来了，是否参与了课堂教学的各个环节；就深度而言，学生是被动地、应付地学习，还是积极主动地探究。从这点上讲，那些表面上热热闹闹，实际上没有引起学生多少认知冲突，学生思维没有恰当负荷的课不是好课。（建构意识）

（5）关注学生的学习方式。从教的角度来看，教师的教学方式决定了学生的学习方式。如果教师的教学是以灌输为主，生的学习方式自然是被动的，所谓的探究与合作就无从谈起。而这样的教学结果往往是学生获得了知识，但不能解决实际问题，学生并没有作为研究者，却最终被异化为缺乏创造的孤立的人。（生命意识）

（6）教师的专业精神是课堂教学有效性的保证。美国教育部1987年的报告《是什么在起作用》中阐述："当教师分享彼此的观念、在活动中合作、在智慧发展方面互相帮助的时候，他们的学生就能获得学术上的收益……，教师协作之时，就是教学兴旺之际。"（对话意识）

西北师范大学王鉴在《课堂教学的有效性问题研究》中提出，课堂教学有效性的主要指标：所谓有效教学是指教师在通过一段时间的教学之后，学生获得了具体的进步或发展，也就是说，学生有无进步或发展是教学有没有效益的唯一指标。教学是否有效，并不是指教师有没有教完内容或教得认真与否，而是指学生有没有学到什么或学得好不好。如果学生学得不好，即使教师教得很辛苦、很认真，也是无效或低效的教学。教学是否有效，既是教师专业水平的表现，又是学生发展的基础。仅仅在知识传授上的有效教学远非真正的有效教学，有效教学的指标应该是一个多元的、综合的体系。

综上所述，关于有效教学我们有了比较清楚的认识。而"有效课堂教学"是指教师在以"学生发展为本"的理念下，通过一个教学时间段的课堂教学，运用先进的教学手段，实施科学方法，予以系统科学评价，使学生在知识与技能、过程与方法、情感态度与价值观方面都有较大的进步和发展。"有效课堂教学"包含三个基本要素：（1）有效果（effectiveness）：从微观角度，教学效果是指学习者在达到教学目标规定的评估标准前提下，完成教学目标所规定的学习任务的数量。教学活动结果要与预期的教学总目标相一致，体现教学的目标达成度。这里的"效果"既包括直接效果，还包括间接效果；既有显性效果，也有隐性效果；既有预期效果，还有非预期效果。（2）有效率（**efficiency**）：所谓教学效率是指在单位教学时间内，学习者在达到教学目标规定的评估标准前提下，完成教学目标所规定的教学任务量。也就是师生双方为实现教育目标而投入的时间、精力及各种教育资源与教育目标的实现（包括学生知识、技能得到增长，身心素质得以进步、成熟，个性成长，创造力获得培养以及教师素质和教学能力有了提高）的相关度。如果用公式来表示教学效果、教学时间、教学效率三者之间的关系，即教学效果＝教学时间×教学效率。（3）有效益：指学生有所成长，从长远的角度来看，个人的发展与社会和个人的教育发展需求有一定的吻合度，并具有持续发展的特征。

  这些研究及其发现对于本研究来说具有很好的启发性，能够让我们把握有效教学的内涵、要素和基本特征，一些实践经验也为改进课堂教学提出了许多具有一定创新性的探索，但是总体来说对有效教学的研究在理论层面的探讨比较多，具体到课堂领域的研究仍然不多，尤其与学段、与学科结合起来的研究尚不多见，需要进一步密切结合学科教学和不同阶段学生的特点进行深入研究。

（由黑龙江省哈尔滨市南岗区继红小学关军老师撰写，略有修改）

  对于一线教师来说，这是一篇做得比较好的文献综述。首先，关老师检索文献的范围比较集中，基本上都是关于有效教学的研究，文献的内容与研究者的研究问题比较契合；其次，关老师对检索到的文献内容进行了一定程度的解读，增加了很多自己思考的内容，如在别人研究基础上，对有效教学提出了自己的定义；最后，这篇文献综述不仅有对相关理论的梳理，而且还对不同学校的实践进行了整理和分析，这些都是比较有价值的参考文献。

此外，从文献的时效性和权威性来看，这篇文献综述也做得比较好。第一，综述中出现的大多数著作和期刊都是近几年出现的，内容和观点都比较新，基本上能够反映目前有关"有效教学"的最新成果。第二，所选择的国内外的文献都是比较权威的作者的研究成果，比如，国外的鲍里奇的《有效教学方法》、联合国儿童基金会的关于"有效教学"的界定，都非常具有代表性。国内文献方面，关老师选择了教育经典著作《论语》、陶行知、叶澜、马云鹏等的研究成果和观点，也具有很好的说服力。当然，这篇文献综述也有不足的地方，比如，缺乏对不同的观点的分类和比较：不同的学者都是从哪些角度来阐述有效教学的？彼此之间有什么样的关联？对我们要建构的有效教学标准有哪些启发？等等，对这类问题尚缺乏进一步的梳理和分析。另外，关老师所选择的理论和学校案例之间有脱节和堆砌的嫌疑，究竟两者是什么样的关系，如何将对理论的梳理和实践案例的分析联系起来等，都还需要进一步拓展和深入分析。

◎ 思考题

1. 如何认识文献在研究中的价值和功能？
2. 教育文献有哪些种类？

3. 如何判断文献的质量?

4. 如何检索文献?

5. 写好文献综述要注意哪些问题?

|第五章| 方法：研究科学化的保障

　　初期研究的障碍，乃在于缺乏研究方法。无怪乎人们常说，科学是随着研究方法所获得的成就而前进的。研究方法每前进一步，我们就更提高一步，随之在我们面前也就展现了一个充满着种种新鲜事物的更辽阔的远景。因此我们头等重要的任务乃是制定研究方法。

——巴甫洛夫

第一节 选择研究对象

一、总体、样本和样本容量

选择合适的研究对象，或者说进行抽样是开展研究的一个必要步骤。所谓抽样，就是遵循一定的规则，从一个总体中抽取有代表性的、一定数量的个体的过程。抽样的目的是通过一个样本得到关于这个总体的信息及一般性的结论，或从样本的特征推断总体的特征，从而对相应的研究做出结论。抽样如果不科学，会在很大程度上影响研究结论和政策建议。在抽样之前需要明确与抽样相关的基本概念，即总体、样本和样本容量。

总体。所谓总体，就是研究对象的全体。比如说，如果你要研究学生家长对学校教学的满意度，这个抽样就涉及了所有在校生的家长，抽样的总体就是家长群体的总和。总体的确定有助于我们在研究前提前预见到研究问题和局限性，也决定了样本量的大小。如果总体内部的同质性程度较高，样本选择遵照一般的抽样原则就可以了。如果说总体内部的异质性程度很高，在抽样时就要选择合适的研究方法，以合理避免抽样偏差。

样本。样本是从总体中抽取的、对总体有一定代表性的一部分个体。样本构成了研究对象，要保证研究样本具有较好的代表性，就需要选择合适的抽样方法。有关抽样的基本方法，下面会具体阐述。

样本容量。样本中所包含的个体的数量称为样本容量，也称样本量。样本容量的大小由样本总体规模和样本性质决定。一般来说，如果样本总体的异质性程度不是很高，样本容量的大小可以按照表5-1中的比例来计算。

表5-1 样本容量的计算比例

总体规模	100人以下	100—1000人	1000—5000人	5000—1万人	1万—10万人	10万以上
样本容量	50%以上	50%—20%	30%—10%	15%—3%	5%—1%	1%以下

二、抽样的基本原则

抽样要能够满足研究需要，应遵循以下几个基本原则。

（1）代表性原则。即保证样本能够代表全体，要尽量关注样本所具有的共性特征，减少特殊样本的量。比如，你要调查学生对参加某项活动的费用的看法，结果你选择的样本全是家庭经济状况比较好的学生，那么，得出的结论可能是支持性的。如果你对学生的家庭经济状况进行分类，然后从经济收入不同类型的家庭中抽取样本进行调查，结果可能完全相反。样本的代表性对于研究结果的有效性和科学性具有重要的意义，如果抽样不当，研究就可能毫无意义。

（2）随机性原则。抽样要尽量保持客观，按照一定的规则进行抽样，防止人为因素过多干涉抽样过程。比如，你要通过抽样来检验一下近期学生的学习情况，结果你抽取的样本都是平时与你接触比较多的学生，就有可能出现结果偏差。

（3）目的性原则。选用抽样调查时必须立足于调查结果能够满足应用的需要，保证能够达到调查的目的。

（4）可行性原则。要从实际出发，研究并结合调查总体和调查对象实际情况，以及可资利用的现有材料等来判断是否采用抽样调查法，并选择合适的抽样方法和抽样形式。

三、抽样的主要方法

根据抽选样本的方法，抽样可以分为概率抽样和非概率抽样两类。概率抽样是指按照概率论和数理统计的原理从研究的总体中，根据随机原则来抽选样本，并从数量上对总体的某些特征做出估计推断，对推断出的可能出现的误差可以从概率意义上加以控制。

非概率抽样就是调查者根据自己的方便或者主观意愿抽取样本的方法。虽然调查结果能够在一定程度上说明总体的性质、特征，但无法从数量上说明样本的统计值在多大程度上适合于总体。

概率抽样又可从整体上分成随机抽样和非随机抽样两种。常用的随机抽样法有简单随机抽样、系统抽样、分层抽样和整群抽样。

（1）简单随机抽样。简单随机抽样是指将抽样总体中的抽样单位编排成 1—n 编码，然后利用随机数码表或专用的计算机程序来确定处于 1—n 间的随机数码，在每次抽选中，所有未入样的样本均有同等被抽中的概率，这 n 个被抽中的单元就构成了简单随机样本。简单随机抽样是一种最基本的抽样方法，常常与其他抽样方法结合使用。它的突出特点是简单直观，但需要样本容量较多，适用于个体之间差异较小的情况。

（2）系统抽样。系统抽样又称顺序抽样，是指将总体中的所有单元按一定顺序排好，从随机点开始在总体中按照一定的间隔抽取样本。系统抽样的优点是操作简便，如果有辅助信息，对总体内的单元进行有组织的排列，便可有效提高估计的精度。比如，我们要对同一个年级的5个班进行抽检，每个班抽5人，假如每个班的人数是45人，可以事先确定每隔9人抽取一个样本，这样就得到了5个样本，然后通过检测这些样本学生的学习成绩来判断该年级的教学情况。

（3）分层抽样。分层抽样是指将总体根据某种特征或规则划分为不同的层，然后从不同的层中随机地、独立地抽取样本，再将各层的样本结合起来构成总样本。分层时应按照"组内同质，组间异质"的原则进行，以提高样本的代表性。分层抽样的优点是操作、管理较为方便，既可对总体参数进行估计，又可对各层的目标量进行估计，适用于总体情况复杂、个体差异较大、数量较多的情况。

（4）整群抽样。整群抽样是指先将总体按照需要分成群，抽样时直接抽取群，然后对选中的群中的所有单元样本实施调查。其优点在于整群抽样样本比较集中，减少了工作量；缺点是样本代表性较差，抽样误差通常较大。由于学校通常采用班级授课，教学研究中采用整群抽样的方法比较多。

第二节 选择合适的研究方法

研究方法是促使研究有效进行、保证研究结果科学性的重要工具。没有方法的研究不仅难以发现真实问题，得不出有价值的研究结论，而且也容易使研究流于形式。从规范的意义来说，研究方法一般包含三个层面的含义。一是属于思想和理念层面的方法，即方法论，是指导研究的思想体系，其中包括基本的理论假定、原则、研究逻辑和思路等。二是操作层面的方法，即研究方法或方式，是贯串于研究全过程的程序与操作方式。三是工具层面的方法，即具体的技术和技巧，是在研究中使用的具体工具、手段和技巧等。一般来说，我们日常谈到的研究方法主要是操作层面和工具层面的方法。方法本身是一门非常专业的学问，教育研究方法多种多样，各有功能和利弊。普通教师不可能在一项研究中用到所有方法，这就涉及方法的选择问题了。

教师应该如何选择研究方法，有几条基本的原则可供参考。

一是要根据课题的研究目的来进行选择。目的决定手段，用何种方法来进行研究取决于研究的目的。在教育研究的各种方法中，不存在绝对的"最优方法"，某一种方法可能比较适合解决某一类问题。比如，如果你想了解学生对师生关系的看法，最好采用问卷调查法，若觉得做问卷比较麻烦，也可采用访谈法，但千万不能只凭主观感受做判断。假如你想验证一种新的教学方法是否有效，没有什么方法比实验研究更合适了。

二是根据研究内容的性质进行选择。不同性质的研究内容也是确定研究方法的重要依据。有的内容更适合用量化的方法，而有的内容更适合用质性的方法。比如，研究学生的成绩与学生学习方法之间的关系，就可以用调查和测验的方法。而研究学生对教师教学的看法，就更适合用质性的方法来进行，如观察法与访谈法。

三是综合运用各种方法。一个研究并不一定就使用一种方法，特别是在一些比较大的研究中，或者是处理一些比较复杂的教育教学问题时，由于研究对象和范围的涉及面很广，因而研究中可能会需要多种方法的综合运用。同时，运用多种方法，从多个角度进行研究，也是提高教育研究科学化的重要保证。

四是选择研究方法要充分考虑可操作性。每个研究者的偏好和学科背景，以及掌握技术手段的情况都不一样，因而，即使再好的研究方法，如果研究者自身操作有困难，同样无助于问题的解决。这就要求研究者在选择研究方法时，要充分考虑研究者自身的特点，要学会扬长避短，尽量选择自己比较熟悉、容易操作的方法和技术。

下面根据教师研究问题的性质和范围，以及教师研究的需要，介绍几种最为常用的研究方法，供教师在行动研究中选用。

一、观察法

（一）观察法及其种类

简单地说，观察就是指人们利用各种感觉器官的作用，自觉地从周围环境中感知客观事物的现象及其发展变化的特点，从而获得信息的活动。观察是人类感知世界、认识事物的一个最基本的途径，也是研究活动中最常用的方法之一。无论是自然科学研究，还是社会科学研究，都离不开对自然现象或社会现象的观察。也许大家会问，我们每天从睁开眼睛开始就一刻没有停止过对周围事物的观察，难道还要将观察作为一种单独的方法来学习吗？

实际上，这种对观察的理解是广义上的、是生活化的。作为一种研究方法的观察与我们日常生活中的观察有很大不同。日常观察带有自发性和偶然性特征，或者从某种程度上说是生物性的，它漫无目的，也无边无界。因而，在日常观察中，我们所获得的也只是一些主观感受和情绪体验。而作为一种研究方法的观察，它强调的是按照预定计划，选择特定的观察场景、时间和对象，有目的地观察处于自然条件下的研究对象的言语、行为等外部表现，收集事实材料并加以分析研究，从而获得对问题比较深入的认识。显然，观察法作为一种研究方法有着明确的目的和要求，在观察的范围、形式，以及使用的方法上都有一些规定。同时，在观察过程中，研究者不是被动的，而是带有明确的目的指向性，观察者需要在观察之前设定好观察的程序、时间、内容，并做好翔实的记录。观察法可以分成很多类别。从观察的情境来看，有自然观察和实验室观察。自然观察要求对被观察对象不加任何干扰和限制，在自然的情境下观察其行为表现。而实验室观察则恰恰相反，是要在人为控制的实验环境下观察被观察对象的行为表现。

按照观察者与被观察者活动的关系，可以将观察分为参与性观察和非参与性观察。在参与性观察中，观察者一般不暴露身份，直接进入观察对象的活动情境中，与被观察者一起生活、工作，在密切的接触和直接体验中观察他们的言行。由于处在自然的情境中，被观察者不会产生对观察者的警惕心理，因而观察者容易获得比较具体的感性认识，而且能够深入观察者的文化内部，了解他们的所思所想。观察者还可以随时询问问题，随时记录被观察者的行为特征，不受时间和场所限制。非参与性观察中，观察者是以旁观者的身份来进入观察场景的，观察者通常置身于被观察者的活动之外，用自己的眼睛或在获得许可的情况下借助于摄像机等仪器设备对被观察者的行为进行观察。非参与性观察的长处是，研究者可以在一定的距离范围内对研究对象进行比较"客观"的观察，操作起来也比较容易。但其弱点也比较明显。"（1）观察的情境是人为制造的，被研究者知道自己在被观察，可能受到比参与性观察更多的'研究者效应'的影响；（2）研者较难对研究的现象进行比较深入的探究，不能像参与性观察那样遇到问题时立刻向被观察者提问；（3）可能会受到一些具体条件的限制，如因观察距离较远，看不到或听不清正在发生的事情。"①

根据观察者的准备情况，可以将观察分为结构式观察和非结构式观察。结构式观察有明确的目标、问题和范围，有详细的观察计划、步骤和合理的设计，能使研究者获得较为翔实的资料，便于对观察的结果进行系统研究，这种观察常用于对研究对象有较充分了解的情况。而非结构式观察相对比较灵活、有弹性，但获取的材料不系统、不完整。这种观察多用于探索性研究，适用于对观察对象不甚了解的情况。

从是否使用了辅助工具或特殊技术手段进行分区，可以将观察分为直接观察和间接观察。

需要说明的是，各种观察方法各有其使用的条件和优缺点，且相互联系、相互补充。教师在进行观察时应该根据研究的目的和观察对象的特征而有选择地使用。

（二）教育观察研究实施的程序

根据桑代克及哈根的论述，观察研究的步骤如下。

（1）选择所要观察的行为的某一方面；

（2）确定所要观察的范围，最好列出表格；

（3）训练观察人员；

（4）量化观察；

（5）发展可行的记录程序，目的是使观察进入科学化范围。②

---

① 陈向明. 教师如何作质的研究[M]. 北京：教育科学出版社，2001：123.
② 裴娣娜. 教育研究方法导论[M]. 合肥：安徽教育出版社，1995：189.

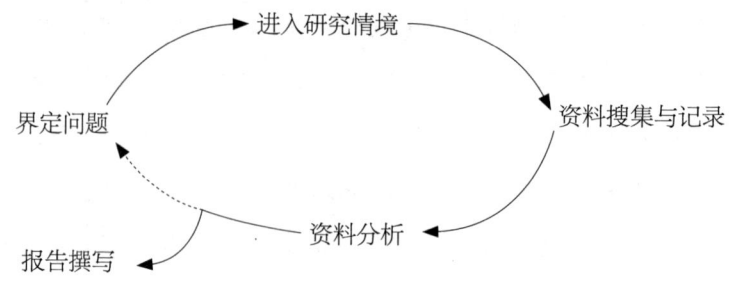

图 5-1 观察研究的循环模式

从图 5-1 可以看出，观察研究是一个循环模式，主要包括以下几个步骤。

第一步，界定研究问题，明确观察的目的和意义，即明确为什么观察和如何观察的问题。

第二步，编制观察提纲。如同前面所述，观察是一种有计划的活动，因而在观察之前要明确以下几个方面的基本问题。

（1）谁？（有谁在场？他们是什么人？）

（2）什么？（发生了什么事情？在场的人有什么行为表现？）

（3）何时？（是什么时候发生的？持续了多久？）

（4）何地？（在哪里发生的？这个地点有什么特色？）

（5）如何？（这件事情是如何发生的？事情诸方面关系如何？）

（6）为什么？（为什么这些事情会发生？促使这些事情发生的原因是什么？）[1]

第三步，实施观察，收集并记录所观察的内容。教师在进入场景实施观察之前，应该选择好合适的地点，并充分了解学生，尊重学生，与学生建立一种良好的信任关系，消除彼此的陌生感和防备心理，以便记录学生行为的常态。

---

[1] 陈向明. 质的研究方法与社会科学研究[M]. 北京：教育科学出版社，2000：238.

记录的方法有很多种，比如，可以采用描述记录的方法，既可以把所见所闻原封不动地记录下来，也可以把自己认为有价值的行为表现记录下来。写观察日记就是一种很好的描述记录的方法（见表5-2）。

表5-2 观察日记

观察对象：丁亮 性别：男 出生年月：1996年6月 班级：初二（3）班	
场景1	时间： 地点：
场景2	时间： 地点：
……	

有时候，教师的观察带有很强的目的性，只希望记录特定时间段或特殊事件中学生的行为表现，因而也可以采用时间取样（见表5-3）或事件取样（见表5-4）观察的方法。比如，教师要观察一年级学生在上课开始后10分钟和下课前10分钟的行为表现，或者观察小组活动时学生参与讨论的情况等。

表5-3 儿童"捣乱"行为——一种时间取样的记录方法

序号	类别	行为表现
1	粗鲁行动	离开位置、站起来、走动、跑动、蹦跳、摇动椅子
2	不规范坐姿	跪在椅子上、坐在地上、横躺在课桌上
3	侵犯他人	投掷、推、撞、拧、拍或用东西打其他同学
4	扰乱他人	抢夺他人东西、破坏他人物品
5	说话	和其他同学讲话、喊叫老师、唱歌
6	叫嚷	哭闹、尖叫、咳嗽、吹口哨
7	噪声	发出咯咯声、撕纸、鼓掌、敲击书桌

续表

序号	类别	行为表现
8	转方向	把头和身子转向他人、向别人展示东西
9	做其他事	玩弄东西、解自己鞋带等

表5-4 学生争吵——一种事件取样的记录方法

要素	A学生与B学生的争吵事件
争吵时间	
争吵的场所	
争吵时的行为	
争吵结果	
争吵后果（其他同学的反应）	

还有一种观察记录的方法对教师也很有用。当教师要观察学生的某一特定行为与另外一种行为的关系，或是核对某种行为是否出现时，常会用到行为核对表。具体做法是，先制定表格，列出观察的项目，然后在表格上列出每个观察项目的具体要求，当出现与观察项目对应的行为时，就在该项上画"√"。比如，教师观察6岁儿童对图形的辨认能力就可以用下面这张核对表（见表5-5）。

表5-5 6岁儿童对图形理解的行为核对表

儿童姓名：	性别：	记录情况：	记录者：
观察内容：辨认图形	能	不能	日期
正方形			
长方形			

续表

儿童姓名：	性别：	记录情况：	记录者：
观察内容：辨认图形	能	不能	日期
三角形			
椭圆形			
圆形			
菱形			
……			

第四步，分析资料，得出结论。通过观察收集到的资料往往比较多，也比较乱，是不能直接说明问题的。观察结束后，对收集的资料进行整理和分析是观察研究中最为重要的一环。资料分析的重点在于对资料进行诠释，也就是说出研究者对事物、事件或人物关系的理解。但是，这种诠释不是研究者主观的理解，必须尽可能客观地反映被观察的事物、事件或人物关系的状况。观察研究的目的，就是要求观察者去发现被观察对象如何看待事物、如何定义情境以及这些情境对被观察对象所具有的意义，而不是为了阐述自己个人的观点。简单地说，就是要力求客观。那么，如何尽量保证通过观察得出的结论真实有效，这就需要在资料分析的过程中采用客观和适当的方法。关于如何分析资料，后面会有专门阐述。

通过观察法进行研究，能够使教师很好地了解真实的教学场景"是什么"或"有什么"。但是，由于受观察时间和情境的限制，在观察对象比较多的情况下观察法应用起来很困难。同时，观察研究的取样小，资料琐碎，得出的结论往往只具有个案意义，不具有普遍意义，要谨慎推广。另外，观察研究受研究者本人的因素影响比较大，不同的教师由于价值观、教育观和学生观的不同，观察的结果差异往往也较大。所以，要把观察法与其他一些方法结合起来使用，以避免这些主观因素的影响，提高研究结果的客观性。

二、访谈法

观察法主要是通过研究者的眼睛来了解教学过程的真实场景，除了参与性观察外，观察者与被观察者之间处于相对分离的状态，观察者通过观察所获得的信息是单向的、片面的，很难了解和掌握事件背后深层次的原因。很多情况下，只有通过与学生交流才能更深入地了解一些隐藏在现象背后的东西，这就需要通过访谈（研究者的耳朵）来实现了。

其实，访谈对我们来说并不陌生，生活中的访谈随处可见。当你想听听某个人对某件事情的看法而与其进行交流对话，实际上就是一种访谈。访谈更是新闻采访中最常用的方法，如中央电视台的《焦点访谈》《新闻调查》等，主要是通过记者对当事人的访谈来了解事情的来龙去脉。

教学过程中运用访谈法比运用观察法更容易了解到学生的所思所想和情绪反应，了解到他们对同一教学事件的看法，甚至是隐藏在他们内心深处的一些真实想法，从而使教师的教学真正做到有的放矢、因材施教。但是，作为一种研究方法，访谈与日常生活中的交流还是有很大不同的，在具体操作过程中，需要遵循一些特定的程序和规则。

（一）访谈法的主要特点与类型

通俗地说，"访谈"就是研究者"寻访"被研究者并与其进行"交流"的一种活动。它具有以下几个方面的特点。

（1）了解访谈对象的所思所想，包括他们的价值观念、情绪感受和行为规范；

（2）了解访谈对象过去的生活经历和他们耳闻目睹的事件，特别是事件发生的过程；

（3）从访谈对象的角度获得对研究现象的多种描述和解释；

（4）事先了解访谈对象的文化规范，如哪些问题是敏感性问题，对此，研究时需要特别小心；

（5）帮助研究者与被研究者建立关系，使双方由感觉陌生到彼此熟悉；

（6）使访谈对象感到更加有力，因为自己的声音被听到了，自己的故事被公开了，因而影响到他们对自身文化的解释和构建。①

访谈有很多不同的方式。从访谈的准备情况来看，可以分为结构性访谈和非结构性访谈。结构性访谈一般对访谈过程有比较严格的控制，属于正式的访谈形式，对访谈前的计划、访谈的对象、访谈的问题等都有比较明确的规定。而非结构性访谈则比较随意、自由，访谈的形式也比较多样，属于开放性的交流形式，访谈者通常没有固定的问题，在访谈过程中可以根据情况随机应变。教师行动研究中的访谈基本上属于非结构性访谈。当然，访谈的对象并不一定是个人，有时候也可以对多人同时进行访谈，还可以对一些需要深入讨论的问题进行重复访谈。

（二）如何进行访谈

1.确定访谈目的

在对教师的开放性访谈中，虽然给予访谈对象较大的表达自由，

---

① 陈向明. 教师如何作质的研究 [M]. 北京：教育科学出版社，2001：69-70.

但是研究者要想在较短的时间内了解到自己想要知道的信息,在访谈之前就应该做一些准备工作,特别是要清楚自己的访谈目的。访谈者可以先列出一些想要了解的主要问题,然后围绕这些问题进行访谈。比如,如果你想访谈一位校长,了解该校发展中的问题和校长的想法,你就可以事先设置如下几个问题。

(1)请您介绍一下学校发展的历史与现状。

(2)学校当前遇到哪些主要问题?

(3)您对学校的下一步发展有何想法?

(4)您未来的工作重点是什么?

列出这样一些大的问题,既有利于研究者在访谈前做到心中有数,也有利于顺利进入访谈。通过这些问题,访谈者能够大致了解学校的基本状况。至于其他一些细节问题,可以在访谈过程中随着访谈对象的陈述逐步推进。也可以在访谈结束后,重新整理相关问题,再做一次或两次深度访谈。一般来说,要对一个问题进行深入的探讨,访谈的次数至少应该达到三次,而且一次比一次深入细致,研究者可以事先准备一个访谈记录表(见表5-6)。

表5-6 访谈记录表

访谈对象		性别		年龄	
访谈时间		地点		访谈者	
	第一次	第二次	第三次	……	备注
访谈缘由					
谈论问题					
访谈内容					
结果分析					

2. 与访谈者沟通和协商有关事宜

访谈与观察不一样，需要访谈者高度配合，因此，研究者争取访谈对象的合作非常重要。否则，在访谈对象不情愿的情况下进行访谈，很难获得真实有效的信息。并且，不征求访谈对象的意见就直接进行访谈也是对访谈对象的不尊重。研究者在访谈之前应该向访谈对象说明访谈的目的和大致内容，并就访谈的时间、地点和形式进行协商。尤其是当研究者要对访谈内容进行录音或录像时，一定要事先获得访谈对象的同意。与访谈对象进行沟通和协商是很有必要的，特别是教师作为访谈者，这一点尤为重要。因为，在很多教师眼中，访谈学生是不需要事先通知的，可以随时随地进行，一般不会太多考虑学生个人的感受。这样就很容易造成学生对访谈的抵制，难以了解到学生的真实想法。所以，教师在对学生进行访谈前，要重视与学生的沟通和协商，并在访谈中尊重学生的想法。

3. 创造轻松的访谈氛围

访谈的实践表明，创造良好的访谈气氛对于访谈的效果影响很大，而要做到这一点，对访谈者的技巧要求比较高。第一，选择好访谈的场所，不要在引起访谈对象紧张或烦躁的地方进行访谈。比如，教师对学生进行访谈最好不要在学校办公室进行，这样会令学生感到紧张。第二，访谈者不能把自己摆在高高在上的位置，要保持与访谈对象的平等，包括访谈者的坐姿、语气以及与访谈对象的距离等都是非常重要的。第三，访谈者在开始访谈时不要直奔主题，最好从聊天或一些比较轻松的生活话题切入，等访谈对象消除了紧张与戒备心理后，再过渡到访谈问题上来。

4. 尽量使用开放型问题

访谈的问题一般有两类，一类是开放型问题，另一类是封闭型问题。开放型问题指的是在内容上没有固定的答案，允许访谈对象做出多种回答的问题。比如，你为什么作业总是不按时交？你对语文老师的教学有什么看法？等等。这些问题通常以"什么""如何"和"为什么"之类的词发问。封闭型问题要求访谈对象必须在提供的答案中进行选择，要么是要么否，或者从 A、B、C、D 中选择。比如，你对这次班级活动满意吗？你喜欢上英语老师的课吗？等等。显然，封闭型问题在很大程度上带有提问者个人的意见或偏向，访谈对象几乎没有发挥的空间，很难使访谈深入下去。而开放型问题由于没有固定的答案，访谈对象可以根据个人的感受和理解畅所欲言，有利于访谈者收集到更多的研究信息。所以，访谈者应在访谈中尽量使用开放型问题。

5. 学会倾听

在访谈过程中，访谈者虽然要善于"问"，但"听"也非常重要，从某种程度上来看，"听"比"问"更重要。访谈者要学会用心去倾听访谈对象的表述，要善于积极倾听对方的言说，不要随意打断对方的表达。访谈者在访谈时不可目光游移，心不在焉，而要用眼神与对方进行沟通，让访谈对象感觉到你一直在全神贯注地听他言说。同时，要把访谈对象所表达的关键信息及时、准确地记录下来。（见表 5-7）

表 5-7　有效倾听的 10 个要点[①]

有效倾听的方法	消极的倾听者	积极的倾听者
找出有趣的领域	不听"枯燥"的内容	适时自问："这对我有何意义？"
对内容做出判断，而不是放弃	如果对方表达方式乏味，拒绝倾听	根据内容做判断，不在意表达不当
控制情绪	容易与对方争辩	不下结论，直到完全理解为止
听取观点	听取事实	听取中心主题
善于变通	做详细笔记，且只使用一种方法	做少量笔记，视说话人特点使用多种方法
努力倾听	假装注意	非常努力，展现出有活力的体态
避免分心	容易分心	懂得如何专心，容忍不良习惯
训练心智	寻找简单资料，抗拒复杂资料	接纳密集复杂的资料
开放胸襟	只认同支持自己想法的信息	在形成看法之前考虑不同意见
利用事实思考，因为思考比说的速度快	遇到说话慢者，思想容易开小差	挑战、预期、摘要、权衡证据，听取言外之意

6. 及时回应

访谈过程中，访谈者不仅要提问题、认真地倾听访谈对象的陈述，而且还要适当地做出回应，将自己的态度和意向及时传递给访谈对象。适当和及时的回应既表达了对访谈对象的尊重，也说明访谈者

[①] 陈向明. 在参与中学习与行动：参与式方法培训指南（上册）[M]. 北京：教育科学出版社，2003：220.

一直在倾听，又可以使访谈者有效地把握访谈的节奏和主题，不至于出现太多无关的陈述而浪费了时间。回应的方式有很多种，可以采用"嗯""是的""的确如此""很好"等表示认可的语言，也可以采用点头、摇头、微笑、皱眉或赞同、疑惑的目光等非语言形式表示对访谈对象观点的赞同或疑惑。有时候，也可以采用"是吗？""真是这样吗？"等一些疑问句来表示访谈者对谈话内容很感兴趣，但又没有完全听懂，希望访谈对象继续说下去。还可以采用重复访谈对象的话和总结访谈对象所表达的意思的方式来进行回应。一个成功的访谈者并不总是按照访谈提纲的问题逐一问下去，也不是一言不发地倾听访谈对象的诉说，而是要适时回应，不断拉近与被访者的距离，使访谈对象能够坦诚地说出自己的所思所想。访谈中，对于访谈者来说要尽量避免对访谈对象的观点进行借题发挥和评价，尤其不可在有不同认识的地方进行争论，否则，会终断与访谈对象的交流。

7. 适当追问

访谈者要真正深入了解访谈对象的观点和想法，深挖事情发生的根源和发展过程，全面了解事件的来龙去脉，适当追问是非常有必要的。追问的一个基本原则是以访谈对象的语言为线索，进一步提问。比如，我们在访谈一位教师关于如何看待学校评价制度的问题时，这位教师讲到当前学校使用学生期末考试成绩和中考成绩作为衡量教师业绩的主要标准有失公平，并提到了一个"发展性评价"的概念。这时候，访谈者发现教师提出了一个课程改革所倡导的新的评价方式，于是进一步追问："您刚才提到了发展性评价，这是一个很有新意的想法，您能谈谈您对发展性评价的理解吗？"在访谈对象阐述了"发展性评价"的含义后，还可以继续追问，"学校应该如何实施发展性评价？可以采取哪些具体措施？"……这样就把问题一步一步地引向深入。但是，追问也应该掌握"度"的问题，不能在访谈开始阶段就反复和频繁地追问，这样会让访谈对象感觉到有压力。访谈者要善于把握时机，在访谈对象情绪比较高昂、对一些问题有比较深入的理解时进行追问，才会取得良好的效果。

8. 做好访谈记录

访谈基本上都是现场性的，许多信息稍纵即逝。即使有时候，在征求访谈者同意后可以进行录音，但事后再进行全面的录音整理也是一件非常耗费时间的事情，且难以还原"现场"。所以，访谈者应该及时、准确地记录访谈对象所陈述的关键信息。

三、问卷调查法

访谈法需要很多时间，同时也容易受到访谈者和访谈对象主观情绪的影响，当需要扩大调查范围和得到一些更加客观的结论时，访谈法就难以适应研究需要了。比如，教师或学校管理者想调查所有学生对学校即将实行的一项新的管理制度的看法时，就不可能一一进行访谈。为了弄清楚大部分学生的想法，这类问题往往会采用问卷调查的方法，也就是以书面提出问题的方式收集信息。问卷调查法相对比较标准化，节省时间、经费和人力，调查范围广、效率高，且具有很好的匿名性，还可以避免偏见。另外，问卷调查材料也便于整理归类和统计分析，容易得出一些量化的结果。

问卷调查一般有封闭式、开放式和综合型三种类型。封闭式问卷，也就是事先列出问题的可能答案，只允许调查对象在问卷提供的答案中进行选择，有点类似于标准化考试中的单项选择题和多项选择题。而开放式问卷的回答却没有固定的答案，调查对象可以根据自己的情况自由作答，可以是填空式，也可以是问答式。开放式问卷一般常用于调查学生对学校管理、教师教学，以及对学习和生活的态度等一些比较深入或不便于归纳答案的问题。综合型问卷就是将上述两类问卷结合在一起。实际上，综合型问卷也是调查问卷的主要方式。因为任何研究都存在一些无法把握和无法预测的因素，这样的问题只能让调查对象自由回答。但这类问题数量不能太多，要将封闭式与开放式问题相结合，在一套综合型的问卷中，开放式的问题通常放在问卷的后面。

四、测量调查

测量调查也是教师在行动研究中经常用到的一种方法。比如，教师上完了一个单元后想通过自编一套试卷来检查一下学生掌握的情况，或在学期结束时，学校要通过考试来评价授课教师的教学质量等，都是应用测量调查的例子。

所谓测量调查，就是根据某种规则和尺度，把所要观察的教育现象或教育对象的属性予以数量化的活动过程。测量可以分成很多类别，如智力测量、能力倾向测量、人格测量和学业成就测量等。也可以分成多种层次，如定类测量、定序测量、定距测量和比率测量等。中小学教师常用的测量是有关学生学业成绩的测量，因此，本部分只简单地阐述一下如何对学生进行学业成绩的测量。

测量的关键是选择测量工具。教师在日常教学中对学生所使用的测量工具基本上是试卷。当然，很多时候，我们可以从其他书籍和资料中找到一些现成的试卷，但如果想要了解自己真实的教学效果，自己编制试卷是最好的办法。教师在编制试卷的过程中，通常要考虑以下几个重要指标。

一是效度问题。效度是测量的准确性和有效性，也就是测量的结果与所要达到的目标两者之间相符合的程度。比如，你要检验学生的推理能力，结果，试卷中所设置的题目都是测查记忆力的，学生只需要通过回忆就能做出来，那么，这样的试卷测验效度就不高。另外，测量的效度所反映的是对某一目标准确而有效的测验，对其他目标就不一定准确有效。比如，你如果要测量的是学生历史方面的知识，试卷的回答就不能太多地受到学生语文水平的干扰，否则，就变成了检测学生语文水平了，这样就使测验偏离了原来的目标。

二是信度问题。信度是指测验所得分数的稳定性和可靠性程度。一道试题经过多次测验，测验的结果是一致的，而个人在数次接受同一测验时，获得的分数近似相同，那么，我们就可以说这样的测验信度很高。也就是说，在没有对学生进行与试题相关的训练的情况下，在不同时间和不同场所对学生进行测验，测验结果不变或变化不大。

三是难度。试题的难易程度是反映测量结果有效性的又一个指标。教师在编制测验试卷的过程中，必须把握好试题的难易程度，太难或太易都无法检测出学生的真实情况。难度的计算方法如下：

客观题的难度估计：$P=\dfrac{R}{N}$（P 为难度指标，R 为通过试题的人数，N 为总人数）

主观题的难度估算：$P=\dfrac{X}{K}$（P 为难度指标，X 为某题平均分，K 为某题满分值）

$$整套试卷的难度 = \dfrac{试卷的平均分}{卷面满分}$$

四是区分度。区分度是指试题对不同水平考生加以区分的能力。区分度高的试题，对被试者有较高的鉴别力。区分度低的试题，不同水平考生的得分无规律或差不多。区分度的计算方法很多，比较简易的办法是将所有学生的卷面分数从高到低进行排列，以分数较高的一半（或 1/3）学生在某题上的答对比率减去分数较低的一半（或 1/3）学生的答对比率，即为某题的区分度。以公式表示如下：

$D=P_h-P_L$

D 为某题的区分度；P_h 为高分组学生在某题上的通过率；P_L 为低分组学生在某题上的通过率。D 值越大，说明该题的区分度越高。[1]

关于测量调查试题的编制方式和答案的编排方式，以及相关的统计方法，许多关于教育测量的书中都有比较细致的介绍，此处不再赘述。

五、比较研究

比较无处不在。日常教学实践中，我们总喜欢把一些学生与另外一些学生进行比较、将一个班与另外一个班进行比较、将一种教学方法与另外一种教学方法进行比较等。比较是人们认识、区别和确定事物关系的最常见的思维方法，正如古罗马著名学者塔西佗所云：要想认识自己，就要把自己同别人进行比较。

比较作为教师行动研究的一种方法，贯串于教师研究的全过程。比较研究是根据一定的标准，对两个或两个以上有联系的事物进行考察，寻找异同，探求教育和教学规律的一种方法。教师在研究中广泛使用比较法对于教师深入认识事物的本质，更清晰地发现自身的长处与问题，并向他人取长补短有着重要的作用。实际上，很多情况下，我们不知道自己所存在的问题，正是缘于我们对自己的不了解，即所谓"不识庐山真面目，只缘身在此山中"。

---

[1] 杨小微. 教育研究的原理与方法 [M]. 上海：华东师范大学出版社，2002：170-171.

比较的维度可以有很多种，既可以做单向比较，也可以做综合比较；既可以做横向比较，也可以做纵向比较；既可以求同比较，也可以求异比较；等等。教师可以根据自己研究问题和研究对象的特征，选择合适的比较维度。

比较研究在具体实施过程中并没有统一固定的模式，但仍然有基本的操作步骤。美国比较教育学家贝雷迪（G. Z. F. Bereday）认为，比较法的实施一般可以分成四个阶段。第一个阶段是描述。这是比较研究的开始，就是要把比较对象有关教育的情况尽可能周密、完整、客观地描述出来。可以通过收集相关文献资料和实地考察来实现。第二个阶段是解释。主要说明"为什么"会是那种情况，要提供对这些现象的解释。第三个阶段是并列。从严格的意义上说，比较研究从这一阶段才真正开始，前面都是收集材料的阶段。在这个阶段，首先是把前一个阶段已描述和解释过的教育事物进行分类整理，并按照可以比较的形式排列起来；然后确定比较的格局，并且设立比较的标准；最后进一步分析资料，提出比较分析的假设。第四个阶段是比较。对并列阶段提出的假设进行验证，然后得出一定的结论。

贝雷迪关于比较研究阶段的划分为比较研究确立了一个明晰的框架。以此为基础，结合中小学教师研究的特点，我们可以将比较研究的过程进一步分为五个步骤。

1. 确定比较问题

确定要比较什么是比较研究的前提。包括确定比较主题、比较内容或项目、比较范围。比如，比较两个教师教学风格的异同，这个题目就是一个比较的主题。那么，教师上课的语言表达、动作和表情、教学组织方式、教学手段等就是比较的内容。比较的范围可以限定在同一个班里，即面对相同的学生。

2. 确定比较标准

没有标准就无法进行比较。比较的标准要尽量明确和具体。比如，要比较同一堂课中不同学生参与课堂的积极性，可以以课堂举手的次数为标准来进行比较；再如，比较两个班的教学和管理质量，可以以学生的身心发展和学业成就的情况为标准；或比较两个教师是否将课堂还给学生，可以把他们分别在课堂上的讲授时间和交给学生自己思考的时间作为比较的标准。总之，比较的标准对于比较研究来说非常重要，标准的选择一定要能够反映问题的实质，同时，要具有可操作性。

3. 收集资料

确立了比较标准后，要通过各种途径，运用各种方法来收集相关资料。

4. 整理和分析资料

按照比较的标准，将材料进行分类和整理，去除无关的材料，并对归类后的资料做出解释。

5. 比较分析，得出结论

比较收集到的材料，并加以解释，寻找产生差异性的原因，得出结论。比较研究法的运用要注意两个基本问题。

一是可比性，比较研究的对象应该是同一类事物，否则就不可能比较。比如，你不能把小学生与大学生进行比较，同样，你也不能把小学与大学放在一起比较。当然，可比性的标准随着研究问题的变化而在不断变化，不同的问题对可比性的要求也不一样。

二是全面性，教育和教学的过程十分复杂，影响因素很多，而且，任何事物都不是孤立存在的，彼此之间密切联系。因此，在做比较研究的时候，应力求全面和客观。

六、实验研究

在教学改革的过程中，教学内容、教学组织形式、教学方法和教学手段都在不断变化，如何知道哪些变化有利于教学效能的提高，就需要教师通过实验进行评价和判断了。实验研究就是按照一定的研究目的，合理地控制或创设一定条件，观察研究对象在实验前后的表现变化，探讨各种现象之间的因果关系，或者验证某种假设的研究方法。从不同的角度出发，实验研究可以分成多种类型。按照实验研究发生的场所，实验研究可以分为实验室实验和自然实验；按照实验中的变量控制程度，实验研究可以分为前实验、准实验和真实验；按照实验研究的目的，实验研究可以分为确认性实验研究、探索性实验研究和验证性实验研究；按照自变量因素的多少，实验研究又可以分为单因素实验研究和多因素实验研究。由于教育的对象是人，对人进行实验不仅涉及的因素非常多，而且还面临很多伦理方面的挑战，因而教育研究基本上都是在自然的环境中进行的，很难对所有无关变量进行控制，不可能达到自然科学领域实验的精确控制要求，一般都是准实验。

实验研究的基本程序大致包括以下六个步骤，即陈述研究问题并提出研究假设；确定自变量，实施实验处理；选择样本，确定实验单位；确定因变量；选择实验控制方法；选择合适的实验设计类型。（有关实验研究方法的使用在后面的研究设计中再详细阐述。）

第三节 研究工具的编制和使用

要使研究过程更加客观需要借助科学的研究工具,只有借助工具我们才能超越人的感官限制发现更多的东西,才能收集到更多有价值的资料。从课堂观察到实地调查,从资料收集到资料分析都离不开研究工具的使用。研究的工具很多,各有其价值和用途,也各有利弊,在具体的教育研究过程中,工具的选择和使用主要取决于研究的特点和性质,取决于研究者自身的素质和工具水平。此处主要介绍教师在日常教学研究中常用的一些研究工具。

一、课堂观察研究的常用工具

(一)语言流动图

沟通是教学过程的基本特征,也是达成教学目标的基本途径。研究教师在教学过程中的语言运用可以很好地分析一个教师的基本教学技巧和教学风格。常用的分析教师课堂语言的工具是语言流动图,它是记录谁对谁说话的最基本的方法,可以帮助教师发现学生参与表达的机会分布、师生语言行为的偏差和教师对学生回答反应是积极的还是消极的等。

观察者在课前要画一张班级座位表,在表格内标明学生姓名和有关资料（如性别、民族、家庭背景、特殊教育需要、学业成绩），以便了解教师是否会根据学生的个别差异而因材施教。

"课堂教学语言流动图"（见图5-2）特别适用于讨论、回答、背诵或其他需要教师与学生互动的课堂活动，而不适用于观察语言互动较少的课程（如讲解或自学）。还可以在上面用线条描述教师巡回移动路线图，从中可以显示出教师移动的偏好、关注的重点、巡回辅导的机会。

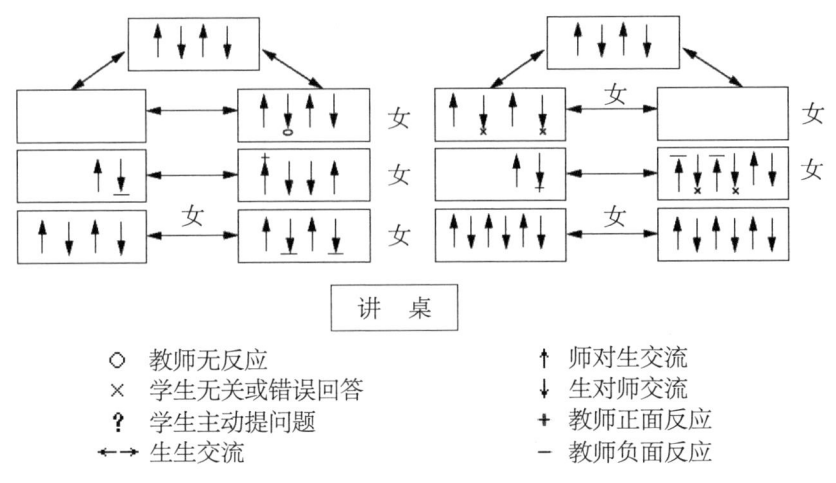

图 5-2 课堂教学语言流动图

（二）提问技巧观察表

在通常的课堂教学中，教师的讲授和提问仍是主要的教学方式。教师的提问应该能为学生提供积极思考，质疑问难，运用所学内容分析或讨论。问题应该包括多种认知层次，还应该清晰、简洁、自然和发人深省。问题应该有选择地编排，以便实现预期的教学计划；还应让更多学生有回答的机会并留有思考的时间；同时学生的回答应立即收到教师积极的反馈或跟进的追问。如果能够按照这些要求来设计问题，并进行课堂提问，才能收到比较好的教学效果。为了了解教师的课堂提问技巧，我们经常会使用下面的问题观察表（见表5-8），根据课堂问题的类别，判断教师课堂提问的技巧和质量。

表5-8　教师课堂提问观察表

问题类型	问题数
1.记忆	
2.迁移	
3.解释	
4.应用	
5.分析	
6.综合	
7.评价	
各种水平问题总数	
各类问题所占百分比：记忆_____、迁移_____、解释_____、应用_____、分析_____、综合_____、评价_____。	

（三）教学程序表

课堂教学环节是考察课堂教学质量的重要依据。一节好课，从教学程序来说是环环相扣、逐层推进，且时间分配合理、重难点突出的。借助教学程序表就可以非常简洁、清晰地观察一节课的教学程序和结构。一般来说，教学程序表可由3—4栏组成。左栏是教学环节及时间分配，中间栏是教学过程（学生活动与教师活动），右栏还有板书、投影的使用情况。这样，这节课是怎么上的，就一目了然地呈现出来（见表5-9）。

表 5-9　高二《垃圾的处理》教学程序表

教学环节	学生活动	教师活动	板书及投影使用
作业讲评 （0分00秒—2分31秒）		讲评作业中的问题及原因，引入"垃圾问题"	
阅读材料 （2分32秒—6分21秒）		介绍资料的重点	
小组讨论 （6分22秒—15分20秒）	根据老师提供的资料，在小组交流自己的感受	教师巡视、指导	
全班交流 （15分21秒—40分10秒）	第一组讨论"废电池" 第二组讨论"塑料袋" 第三组讨论"污水"问题 第四组讨论"塑料袋" 第五组讨论"废电池" 第六组讨论"塑料袋"	介绍小交流竞赛规则 介绍讨论发言内容	
小结、布置作业 （40分11秒—45分10秒）	课后完成调查报告	总结学习情况 提出作业要求	

（四）教学时间分配表

教学时间分配是课堂教学有效性的重要保证，也是考察教师课堂教学艺术和教学风格的重要维度。课堂教学的时间，基本可以分成三大块：一是教师独占的时间，包括教师的讲授、演示和总结；二是学生独占的时间,包括学生的看书、作业、自学、实验和小组学习;三是师生共享的时间,主要是课堂提问。另外,还可以剔除非教学时间,主要是教学时间之外浪费的时间,如教师管理学生、教学设备故障等。

通过教学时间的分配比例,可以看出教师是否给学生留出了必要的自主学习、活动的时间(见表5-10)。

表5-10　一位教师的课堂教学时间分配

	教师讲解	师生问答	合作伙伴学习	学生自学	非教学	合计
时间	11分46秒	25分37秒	0	9分07秒	0	46分30秒
占总课时(%)	25.3	55.1	0	19.6	0	100

(五)学生学习投入状态观察表

如何观察和准确判断学生课堂学习的投入状态是每位教师都需要掌握的基本技能。只有准确地了解学生的学习投入状态,及时调整教学策略才能取得更好的教学效果。教师可以在课前准备一个学习投入状态观察表,采取时间抽样的办法,每隔2分钟扫视一下全班学生,看看有多少学生在集中注意状态,有多少在精力分散状态(如下座位、打闹、做小动作、打瞌睡等),用记号笔在座位表上标出来,然后进行数量统计。这样便不难看出全班学生集中精力投入的程度(见表5-11)。

表 5-11　学生学习投入状态观察表

观察序号	非投入		投入	
	人数	百分比（%）	人数	百分比（%）
1	4	16	21	84
2	6	24	19	76
3	1	4	24	96
4	0	0	25	100
5	3	12	22	88
6	3	12	22	88
7	6	24	19	76
8	5	20	20	80
9	4	16	21	84
10	4	16	21	84
总数	36		214	
平均数		14.4		85.6

（六）课堂关键事件记录与分析表

除了教学时间分配和教学程序安排以外，有时候观察发生在课堂教学中的关键事件，也可以很好地反映教师的教学技能和教学智慧。所谓关键事件就是在教学过程中发生的对教学目标和教学效果有重要影响的事件，既可以是预设的，也可能是教学过程中生成的。记录和分析关键事件有助于教师反思教学过程，总结课堂教学经验，形成教师的实践智慧（见表 5-12）。

表 5-12　课堂关键事件记录与分析表

学科：　　　　　班级：　　　　　教师： 时间：　　　　　人数：
关键事件一（时间：　　　　　　　　　） 记录： 分析与解释： 评价与建议：
关键事件二（时间：　　　　　　　　　） 记录： 分析与解释： 评价与建议：
关键事件三（时间：　　　　　　　　　） 记录： 分析与解释： 评价与建议：

二、调查研究的常用工具

调查研究一般包括访谈调查和问卷调查两种类型。调查研究的关键是调查工具的使用，编制有效的、科学的问卷和访谈提纲在很大程度上决定着调查结果的科学性。

（一）简单问卷的编制

1. 问卷的结构

不管哪一种形式的问卷，从结构上看，都应该包括指导语、问题和结束语三个部分。

指导语中通常会说明问卷调查的目的、填答的基本要求，以消除填答者的担心和防备心理。指导语要尽量简洁，用语上要亲切轻松，不要让人有压力，不可使用晦涩或者高深的专业用语。

[案例]

关于教师课堂教学情况的调查问卷

指导语

  同学，你好！我们每天都坐在教室里听老师上课，与老师朝夕相处，对老师的课堂教学有清晰的感受。请你根据本学期实际情况，对教你们课的老师进行客观的评价。你不用写自己的姓名，没有人会知道哪份问卷是你填写的，请放心写出你的真实情况和感受。此调查不是测验，因此回答无所谓正确与错误。请你独自回答，不要与他人商量。在回答之前请看清指导语，如有疑问请向负责人提出。问卷的所有信息只用于研究，我们将严格保密，敬请放心。

谢谢你的合作！你所在的年级：_____ 你的性别：□男　□女

问题部分是问卷的核心内容,问题设计的恰当与否直接决定了调查的质量。从学术角度来说,问卷编制是一项十分严谨和复杂的工作,它不但需要研究者对所研究的问题有着深刻的洞见,而且还需要研究者掌握问卷编制的一些技术和技巧。通常,一套问卷题目的设计需要经过试测、重测或再测来检验问卷的效度和信度,只有效度和信度达到了规定的阈限,问卷才是有效的。但是,对于中小学教师来说,作为小范围了解学校和课堂问题的需要,实际上在编制问卷上并没有如此严格的要求,只要了解一下大致的编制要求即可。

一般来说,教师在设置问卷的问题时,应注意以下几个基本方面。

(1)除了少数几个要求提供学生班级、性别等背景的题目外,其余题目都要与研究问题和研究假设直接相关。

(2)由于填答问卷的人基本上是中小学生,因此,题目表达一定要清晰,千万不要使用一些学生看不懂的学术语言和"行话",避免学生产生误解。比如,当你要在学生中调查学业负担的情况时,就不要在问题中直接出现"学业负担"的概念,而是把它转化成"上课时间""作业量"等学生都能看得懂的概念来表达。

(3)问卷中的每一道题目都只问一个问题,不可同时问两个或两个以上的问题。比如,"你通常是在家做作业,并且有父母辅导吗?"等,这种题目不符合问卷设计的要求,可以将其拆成两个问题。

(4)注意不要在问题中表露出编制者的个人喜好或倾向性。比如,"你赞同学校放松管理,甚至认为管理会损害学生自由发展吗?"。

(5)关于数量性的问题,最好不要使用平均数。比如,"你父母外出打工时,平均每周给你打电话多少次?"。可以把它改成"上一周,你父母给你打了几次电话?",这样就比较便于学生作答。否则,如果经过平均计算,调查的数字就有了"水分"。

（6）问卷的题目不要让人感觉有压力。比如，"你觉得学数学很困难吗？"。

（7）问问题时，最好不要使用否定或双重否定。比如，"你不喜欢下面哪一种活动？"。

（8）问题越短、越通俗、越简略越好。

（9）问题的答案选项应该是可以穷尽的，选项之间应该避免重复和交叉。如果答案无法全部列举出来，那么在列出了主要答案后，可以写上"其他"作为一个选项。

比如，你放学后的主要活动是（　　）。

A.做作业　B.上网　C.看电视　D.参加体育活动　E.其他

以上要求，看似十分烦琐，但理解起来并不困难，且对于问卷编制来说十分重要。不管什么要求，其目的都是更好地契合研究主题和方便调查对象作答。

2. 问题的表现形式

问卷中的问题一般以下面几种形式出现。

（1）填空式

比如，你最喜欢的老师是_____。

（2）是否式

比如，上个学期，我每天都记日记，从未间断过。_____

A.是　　　　　B.否

（3）多项单选式

比如，你最喜欢的球类运动是_____。

A.篮球　B.足球　C.乒乓球　D.羽毛球　E.网球　F.其他

（4）多项限选式

比如，从下面的选项中选出两个答案。

当你学习上遇到困难时，你通常会向谁求助？_____

A. 同学　　　B. 老师　　　C. 父母　　　D. 其他

（5）排序式

请将下面所列的电视节目，按照你喜欢的程度进行排序，将序号写在前面的括号内。

（　）人与自然　（　）科学探索　（　）动画片

（　）电视剧　（　）广告　（　）心理访谈　（　）道德观察

（6）表格式

下面是一些题目，请在最符合实际情况的答案上画"√"。

题号	题目	非常不符合	比较不符合	比较符合	非常符合
1	当我没答对问题时，老师也会鼓励我				
2	老师总是看不到我的进步				
……	……				

问卷调查虽然相对比较客观，容易量化，但由于对问卷编制的技术有一定的要求，且对调查对象的态度和认识水平都有一些要求，所以问卷填答的质量仍然会受到个人因素的影响，研究者不要过于依赖问卷调查的结果，最好与其他方法结合使用，这样会使研究结果更客观一些。

（二）访谈提纲的编制

访谈是最容易操作的研究方法，但也是最难用好的研究方法。由于访谈主要是人与人的沟通，涉及的细节非常微妙，因而，在实践操作中受人为因素影响很大。同样一个问题，同样的访谈场景和对象，不同的访谈者会获得不同的结果。从操作层面来说，访谈是最具艺术性的研究方法了。为了获得好的访谈效果，编制好访谈提纲对于访谈者来说至关重要。访谈提纲的编制要注意以下几个方面的问题。

一是编制访谈提纲前要明确访谈目的，确定访谈的主要问题。如果研究中使用了问卷，访谈提纲还要结合问卷进行编制，在问题结构上尽量与问卷保持一致，同时对问卷不能深入展开的问题进行重点访谈。

二是在编制访谈提纲时要事先考虑访谈对象的特点，如年龄、岗位、性别等，要多从访谈对象出发考虑问题的表述，发问的方式要考虑访谈对象的偏好，不能机械地提问。一般来说访谈的题目设计都是从比较容易回答的题目开始，然后层层深入，不能一开始就问一些很困难的，甚至是让人紧张的问题。有时候，为了取得访谈对象的信任，活跃访谈气氛，访谈者还可以从一些与研究并无直接关系的生活和工作内容切入，这样可以很好地展开交流。

三是访谈的题目不要太多，时间不宜过长。一般来说，访谈提纲设计的题目最好不要超过10道，访谈时间控制在40分钟之内，这样的访谈是比较有效的；如果题目过多，时间过长，访谈就可能流于形式，容易被应付，访谈效果就会受到影响。

四是访谈提纲只是访谈者事先准备的计划，但是访谈过程中很多因素是不可控制的，因而访谈者不能机械地使用访谈提纲，要根据访谈的情况随机应变，及时调整访谈题目的顺序，比如，原先准备访谈的第三道题目可能一开始访谈对象就谈到了，这时就需要及时调整访谈内容的顺序，而不能因为还没有问到第三道题目随意掐断对话。有些内容可能事先在访谈提纲里没有想到，但是访谈对象在访谈中可能会谈到一些非常关键的信息，这时候也需要及时进行调整和追问。当然，访谈者也要及时引导访谈对象围绕关键问题进行交谈，避免过多偏离访谈主题。

第四节 做好资料的整理和分析

教师通过观察、访谈、问卷、测验等多种方法收集到了大量的研究资料后，就要开始对资料进行整理和分析工作了。整理资料的过程相对比较简单一些，即对收集到的各种资料进行审查、甄别、分组、归类、登录和汇总，使多种不同来源的复杂资料变得条理化、系统化、精练化，为下一步的资料分析做好准备。资料整理是资料收集和资料分析之间的重要中介。

资料分析是研究的核心任务。资料分析的方法有很多种，按照分析工具和手段的不同，可以概括为两大类。一类是定性分析，也有学者称之为质的分析；另一类是定量分析，也称为量化分析。

一、定性分析

定性分析是确定资料是否具有某种性质和特征，分析资料主要观点和论证逻辑的一种分析方法。它回答的不是数量的多少问题，而是性质上的"是什么""属于什么""怎么样"等问题。教师行动研究中最为常用的定性分析方法有两种，一种是情境分析，另一种是类属分析。

1. 情境分析

情境分析指的是将资料放置于研究现象所处的自然情境之中，按照故事发生的时序对有关事件和人物进行描述性分析。这是一种将整体先分散然后再整合的分析方式。首先看到资料的整体情形，然后将资料打散，进行分解，最后将分解的部分整合成一个完整的、处于真实情境中的故事。情境分析强调对事物做整体、动态的呈现，注意寻找那些将资料连接成一个叙事结构的关键线索。情境分析的结构可以有很多不同的组成方式，如前因后果排列、时间流动序列、时空回溯等。分析的内容可以是研究现象中的主题、事件、人物、社会机构、时间、地点、状态、变化等。这些内容可以综合使用，也可以以一个部分为主干，其余有关的部分作为支撑。[①]

情境分析的第一步是系统认真地阅读原始访谈的资料，找出访谈对象叙述内容最密集的部分。然后，以此为出发点，将访谈对象的思维线索完整地勾勒出来，并将访谈对象的陈述与访谈对象当时的处境联系起来，分析其语言背后所透露的信息，找出问题发展的过程、原因。情境分析既可以一个人独自思考，也可以组成研究小组，通过对访谈资料的呈现和理解，每个人说出自己的想法。然后，再将每个人的想法汇总。也可以把访谈对象出现频率比较高的词列出来，寻找访谈对象思维的主线，然后以此为出发点，将相关信息与主线串联起来。这样，访谈对象所要表达的意思基本上就呈现出来了。

情境分析的第二步是为访谈资料编码和归类。找出了访谈对象表

[①] 陈向明. 教师如何作质的研究[M]. 北京：教育科学出版社，2001：176-178.

达的主要问题或主要事件后，对相关材料按照原因、时间、地点、相关人物、冲突事件、高潮、问题解决和结局进行编码和归类。这样，就把看似零碎的材料串成了一个完整的故事情节。实际上，按照这样的逻辑把一个完整的教学事件展现出来，就是一篇很好的叙事研究的文章，不仅人物丰满，而且情节跌宕起伏。

2. 类属分析

什么是类属？类属是资料分析中的一个意义单位，代表的是资料所呈现的一个观点或一个主题。比如，你可以将人的素质分为很多种，音乐、语言、推理、想象等。其中的每一类就代表一个类属。当然，类属的划分是相对的，是根据研究的内容来确定的。类属分析指的是在资料中寻找反复出现的现象以及可以解释这些现象的重要概念的过程。在这个过程中，具有相同属性的资料被归入同一类别，并且被赋予一定的名称。为了更加直观地进行类属分析，我们可以建立一个不同类属之间的关系图。

例如，在一项对大学毕业生就业问题的调查中，调查者通过访谈发现，用人单位在挑选大学生时使用了很多重要的概念，如"做人""做事""敬业精神""团队精神""职业道德"等。因此，可以把"做人"和"做事"作为合格大学生的两个核心类属，在"做人"这个类属下列上"敬业精神""团队精神"和"职业道德"等下位类属；在"职业道德"这个类属下列上"自我定位"（即不轻易跳槽）、"自我评价"（即正确评价自己的能力，不认为自己大材小用）、"自我约束"（即不打招呼就跳槽了）等下位类属[1]（见图5-3）。

---

① 陈向明. 教师如何作质的研究[M]. 北京：教育科学出版社，2001：174-175.

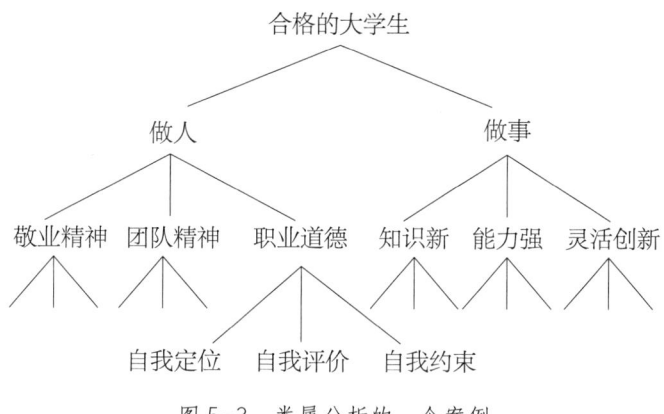

图 5-3 类属分析的一个案例

进行类属分析时，应该注意分类的标准问题，主要是避免犯逻辑错误。一是上位的类属概念与对应的下位类属概念之间是包含与被包含的关系；二是在同一个等级上的类属概念之间不可出现相互包容的现象。另外，还应该注意下位的类属概念不要太多，只要反映主要问题就行了，没有必要把所有的下位概念都列举出来，增加分析的难度。确定好分析框架后，把访谈和调查中得到的相关资料按照类属的标准进行归类，就可以总结出问题的成因或描画出事件的轮廓，这样，再做判断或下结论时就可以很好地反映事物的特征。

应该说，情境分析和类属分析各有优缺点。情境分析更贴近被研究者的生活现实，能够比较好地再现被研究者对问题的感知、认识和理解，或者重现事件发展的全过程，给研究者提供一个比较真实的全貌。但是，情境分析容易忽视不同意义材料之间的关联，难以抽样出一般性的结论，使研究很容易停留在描述性的层次上。而类属分析可以很好地避免这些缺陷，通过研究者对材料的编码、分类、比较和概括等处理，使一些看似没有关系的材料发生了意义上的联系，容易突出问题的核心和事件的主题。类属分析的缺点是材料相对比较分散，无法反映事件发生的真实场景和动态过程，无法看清全貌。有时，由于分类不当，类属分析可能会造成一些关键信息的丢失。因此，从这个角度来说，教师在整理访谈、观察和调查得来的材料时，最好把两种方法结合在一起使用。下面是一个访谈的片段，我们尝试用情境分析的方法做些分析。

[案例]

访谈者：您好！我是……，想请您谈一下您对你们学校教师培养方面的看法。

被访谈者：在教师培养方面我们学校挺重视的，会组织教师参加"绿色耕耘"培训、课题组培训、平时假期的培训，在培训时间方面，一般要是有课就调一下，学校还会组织校本培训。

访谈者：您能谈一下校本培训吗？

被访谈者：每周一开会之前，校长会念一段教学方面的、德育方面的、班主任管理方面的好文章，组织计算机学科的老师定期给大家上课。我们去年暑假接受新理念培训，听名师的课，学校给大家刻盘，组织全体老师观看。校长经常说要不断学习，不能总是把自己禁锢起来。领导的思想还是比较新的，但是无法改变中考这种评价方式。比较前沿的东西要学，要吸收，要落实到课堂和教学管理中去，但是旧的东西又不能扔，我们又不能不重视中考，毕竟还要追求社会效益。

访谈者：这也关系到学校的声誉。对于教师平时的教学技能、教学水平方面的培养学校有哪些举措？

被访谈者：我刚说的"绿色耕耘"培训、课题组培训、平时假期的培训、骨干教师培训就属于这方面。

访谈者：科研方面的呢？

被访谈者：科研方面我们学校有课题组研究"基于校园网络环境下的资源利用"，还有网络资源平台，教师可以把自己做的课件放到网上，同学科教师之间互相讨论，在哪需要修改，提出建议。

访谈者：您刚才所说的这些培训，有没有什么问题？

被访谈者：问题就是教师外出培训，因为课不能耽误，所以老师会很累。一般培训放在假期会好一点。如果能有脱产进修的机会就更好了，不过现在这样的机会几乎没有。

访谈者：培训的种类很多，但是时间占用很多。

被访谈者：从教委来说，学校培训的出发点都是好的，实际效果不是很好，有的培训者讲课糊弄，凑时间。

访谈者：根据学校的具体问题有针对性地进行培训是不是会好一点？如果能事先到学校视察一下，是否会更好？

被访谈者：没有这样的，其实如果能这样会更好。

……

运用情境分析的方法，我们发现，访谈对象提到最多的是培训形式问题。学校里的主要培训有"绿色耕耘"培训、课题培训、假期培训、校本培训；培训的时间主要集中在平时上课期间；培训地点以学校为主；培训方式有校长会议讲话、同行交流、校园网络等；培训内容主要以转变教学观念，利用网络资源等为主。访谈对象感到学校教师培训中存在的问题主要是占用时间太多，与教学产生冲突，培训受到教委和学校评价标准的影响，有形式主义倾向。从访谈对象的语气中，我们也能感受到他们对培训重要性的认识，以及对改革培训模式和培训内容的期待，如"如果能有脱产进修的机会就更好了，不过现在这样的机会几乎没有"。当访谈者问道"根据学校的具体问题有针对性地进行培训是不是会好一点？如果能事先到学校视察一下，是否会更好？"，访谈对象表示赞同。

根据以上分析，我们可以描绘出该学校教师培训的大致图景：学校领导重视培训，采取各种途径，全体授课教师参与，只是培训过程中存在着教师教学时间和培训时间的激烈冲突、培训内容与教学评价指标的矛盾。教师希望改变目前的培训形式，积极利用假期时间，减少与正常教学的冲突，同时，在培训内容上提高对教学实践的针对性。

读者可以再参照类属分析的方法对上述材料进行整理和分析。

二、定量分析

定量分析是指从事物的数量特征入手，运用数字分析方法进行数量分析，从而挖掘事物数量中所包含的规律和特征的分析方法。定量分析的方法有很多种，包括许多统计量数和统计检验的方法。对于中小学教师来说，接触最多的数字是学生测验和考试的分数。因而，如何认识和分析这些数据，对于教师及时了解学生发展的情况，了解自己的教学效果，进而改进教学，提高教学效能有非常大的意义。

教师常用的定量分析方法主要包括以下几种。

1. 集中量数

大部分数据趋向于中间某一点的趋势，就叫集中趋势，代表集中趋势的量数叫作集中量数。集中量数包括中数、众数、几何平均数和算术平均数。中数是一组数据按照大小顺序排列的正中间的数。它可以帮助研究者从总体上了解学生某项成绩的分布情况。众数是在一组数据分布中出现频率最多的那个数据。比如，在一次语文测验中，A班全体学生的考分中90分为最多，则90为该班本次语文测验成绩的众数。B班80分为最多，那么，B班成绩的众数为80。众数可以帮助教师了解学生或班级之间的分数差距。几何平均数是一组数的连乘积开 n 次方的根。算术平均数也叫作平均数，是一组数相加求和再除以这组数据的个数所得的商。平均数能够很好地反映调查样本或总体的一般水平，也是教学质量评价中最常用的一种方法。

2.差异量数

差异量数是表示一组数据的差异情况或离散程度的量数。与集中量数反映集中趋势相反，差异量数反映的是离散趋势。差异量数一般包括全距、平均差、方差和标准差等。全距是一组数据中的最大数与最小数之差，也称极差，它是表示数据分布离散程度最简单、最直接的方式。

比如，某班期末考试中，英语成绩最高分为95分，最低分为63分，则全距为95-63=32。全距能够帮助教师了解学生成绩之间的最大差距，及时发现学生发展中的问题，帮助学生查漏补缺。

平均差是表示各量数离差绝对值的平均数。离差也叫作离均差。如果把一组变量的平均数作为原点，计算各变量与原点之差，这种差就叫作离差。离差有正有负，若按正负计算，其总和等于零，也就无法算出一个表示差异情况的指标。为了解决这个问题，我们可以不取离差的"代数和"而取其绝对值并求和，再除以变量的个数，这样就可反映一组变量的差异情况。这种统计量，就叫作平均差，常用

$A.D.$ 来表示[1]。

其计算公式为:

$$A.D. = \frac{\sum |x - \bar{x}|}{N}$$

其中 x 代表某一量数，$\bar{x}$ 代表一组变量的平均数。

方差又称变异数，是各离差平方和的平均数，其符号为 S^2。方差的平方根为标准差，符号为 S。公式表示为:

$$S^2 = \frac{\sum (x - \bar{x})^2}{N} = \frac{\sum d^2}{N}$$

$$S = \sqrt{\frac{Z(x - \bar{x})^2}{N}} = \sqrt{\frac{\sum d^2}{N}}$$

上式中 S^2 为方差，S 为标准差，x 为各个变量的观察值（如各学生的分数），$\bar{x}$ 为平均数（如班、组的平均数），N 为观察的总次数（如各班、组人数）。

3. 标准分数

标准分数，又称 Z 分数，是以标准差为单位表示一个分数在团体分数中所处的位置，所以也叫作相对位置量数。标准分数的计算公式为:

$$Z = \frac{x - \bar{x}}{S}$$

从上述公式可以得知，标准分数是一个分数与其平均数之差除以标准差所得的商。平均数以上各点的 Z 分数为正值，平均数以下各点的 Z 分数为负值，平均数的 Z 分数为零。[2] 例如，某班数学平均

---

① 李方. 现代教育研究方法 [M]. 广州：广东高等教育出版社，2004：338-339.
② 李秉德. 教育科学研究方法 [M]. 北京：人民教育出版社，1986：160.

考试成绩为80分,标准差为9分,学生A分数为95分,学生B分数为70分,那么,学生A的标准分数为95与80的差再除以9,为1.67。B的标准分数为70与80的差再除以9,为-1.1。标准分数没有实际单位,其主要功能除了表明原数目在整体中的位置外,还可以使我们对不同科目的数字进行比较。标准分数比较多地应用在学生成绩评定和录取新生工作中。正常情况下,我们在对学生成绩进行总体评价时,总是习惯于把各门功课的成绩直接相加,这实际上是不科学的,结果会导致对学生不正确、不科学的评价。比如,学生A和学生B的总分相同,但通过标准分数比较之后,学生A的标准分数就高于学生B,如表5-13所示。

表5-13 学生A和学生B成绩比较

科目	原始分数		总体参数		标准分数（Z）	
	学生A	学生B	班平均分数	标准差	学生A	学生B
思想政治	79	71	61.93	11.27	1.515	0.805
语文	58	66	53.13	12.50	0.390	1.030
数学	60	60	57.45	19.98	0.128	0.128
物理	60	75	52.08	16.14	0.491	1.420
化学	70	79	48.84	15.63	1.354	1.930
生物	21	18	18.13	5.35	0.536	-0.024
外语	50	29	33.81	17.69	0.915	-0.272
小计	398	398			5.329	5.017

这是因为,虽然两人的总分相同,但学生B有两门科目低于班平均分数,致使其标准分数变为负值,所以,总体的标准分数低于学

生 A。这说明，标准分数可以较好地衡量学生是否全面发展。

除此之外，定量分析还会有参数估计、统计检验、多元回归分析、因素分析和聚类分析等，并且要借助一些分析软件，如 SPSS、Amos 插件、LISREL、Mplus 等。

总之，定性分析和定量分析都是教师研究中常用的方法，其本身并不存在孰优孰劣的问题，各有其适用范围和优缺点，在研究中应根据需要和材料的特征结合使用。

◎ 思考题

1. 如何根据研究需要选择合适的研究对象？
2. 常用的课堂观察工具有哪些？
3. 教育实验研究设计要注意哪些问题？
4. 怎样做好研究资料的整理和分析？
5. 请你根据问卷编制的基本要求，设计一份简单的问卷，调查一下学生对教师教学效果的评价。

第六章 　做好研究设计：让研究规范开展

  人与动物最大的不同在于人的活动从本质上来说是一种运用概念的实践，对概念的运用就意味着它是遵守规则的，规则本身是以规范性为前提的。规范性就是理性能力的体现。

——布兰顿

任何研究都是有计划的行动，因而需要研究者对研究的每个环节事先做出精心的设计，以保证研究能够顺利、深入地开展下去。

所谓研究设计，就是对研究全过程的计划和安排，包括对问题的提炼、研究对象的确定、文献的梳理和分析、研究方法的选择、时间和进度的安排、研究资源的准备等。研究设计既是确保研究质量的关键环节，也是促进教师研究持续深入开展的保证。科学合理的研究设计不仅有助于研究者把握整个研究的进程，而且有助于研究者合理、高效地使用研究资源。

一些人错误地认为，教师研究主要是一种反思性的实践活动，不需要遵循一定的研究程序，不需要计划和安排。这种观点过分宣扬了教师研究活动的随意性和简便性，其结果是导致一些教师在许多有研究价值的问题上浅尝辄止，也导致很多学校的教育科研一开始群情激昂、热闹非凡，但很快就因无法深入下去而偃旗息鼓。教学中的许多问题看似简单，实际上十分复杂，而且具有反复性，很多问题仅仅依靠教师的自我反思或与同伴随意性的交流难以有效解决，这就需要教师静下心来做持续、深入的研究，对所要研究的问题提前做精心的研究设计和安排。

不同类型的教育研究对研究设计的要求不尽相同。一般来说，实证性的定量研究，对研究设计的规范性和缜密性要求较高；而质的研究对广大中小学教师来说，在研究设计上的要求相对于专业研究者来说要低一些，但是，作为一种研究活动，又存在着一些比较一致的基本规范和程序。下面结合中小学教师的工作特点和研究需要,介绍四种常用的研究设计类型,即案例研究设计、实验研究设计、调查研究设计、课题研究设计。

第一节　案例研究设计

一、案例研究设计的基本程序

教师大部分的研究活动是针对个体或少量群体发生的。比如,教师要观察某个学生的课堂行为、经常完不成作业的学生的表现、班级非正式群体中的学生行为等,研究对象比较明确和具体,这种针对单个的或少量的具体对象所发生的研究活动更适合采用个案研究设计或案例研究设计的形式。由于灵活性、便利性和使用的广泛性等特点,案例研究设计成为教师行动研究中最常见的形式之一。

案例研究设计的重点是收集关于某一教学事件的完整、详细的信息,发生了什么事、在什么样的情境下发生的、涉及哪些人、都做了什么、什么时候做的、观察到哪些变化或影响?这些信息以大量记录的数据以及对情境、事件和相关事物的粗略描述等方式呈现。

一般来说,案例研究设计开始时研究的范围比较广,收集的数据也比较多,研究者尽可能多地收集与案例有关的数据,同时形成研究问题、研究假设,修正研究方法,并不断剔除多余的数据和材料。案例研究设计是开放性的，随着教师研究的深入以及一些新问题的浮出水面，教师的研究设计也需要改变，比如，采用一些新的研究方法等。案例研究设计的基本程序如下：

（1）确定研究对象；

（2）运用观察法收集材料；

（3）确定研究问题；

（4）查阅文献，提出研究假设；

（5）实施干预措施；

（6）观察被研究者的行为变化，记录观察结果；

（7）发现新问题，重复上述研究设计。

实施案例研究设计必须要注意两个基本问题。一是确定被研究者原有的水平，有学者称为"基线"[1]。由于案例研究设计大多是对学生个体的对照研究，所以，首先必须收集采取干预措施之前被研究者行为表现的数据，以反映被研究者在某种特定的条件下行为出现的特征、频率和持续时间等，并把这些数据所体现出来的特征作为观察研究效果或评价研究结果的参考。比如，教师要研究一个学生总是不能完成作业的情况，对此，教师在实施干预措施前首先要准确测量并记录下这个学生完成作业的情况，包括数量和质量等，也就是确定一个基线。然后，实施干预措施，并记录学生每天完成作业的情况，包括数量和质量。如果这种干预措施能够起到督促学生完成作业的作用，就可以推断出学生的行为变化与教师所采取的措施之间存在因果关系这一结论。二是要进行重复测量。人的行为每时每刻都在变化，具有很大的波动性，特别是对处于成长过程中的中小学生来说，变化更

---

[1] Parsons, Brown. 反思型教师与行动研究[M]. 郑丹丹, 译. 北京：中国轻工业出版社, 2005：121.

快。一两次测量很难反映出某个学生的行为特征，可能测到的恰好是该学生特殊阶段不正常的行为表现，那么，如果以此为基线来进行研究的话，就很难得出科学的研究结果。同样，在实施干预期间，也不能以一两次观察到的现象或测量到的结果来判定学生行为是否真正改变了，也要随时间的推移进行重复测量。由此可见，在案例研究设计过程中，要提高研究的科学性和有效性，就应该对被研究者进行反复和频繁的测量，这也是案例研究设计的一个基本要求。那么，究竟需要多少次测量才算比较合理呢？实际上，测量的次数与学生的特征有极其密切的关系。如果你观察的学生是一个变化比较大、比较快，或是情绪很不稳定的学生，就需要观察或测量的次数多一些。对于那些行为表现相对比较稳定的学生来说，观察或测量的次数就可以少一些。但不管对于什么样的学生，最少要进行三次独立和有效的观察，才能相对准确地描述出被研究者行为的基线，或经过干预措施后表现出来的新特征。教师在记录学生行为表现时，如果发现测量结果出现了相对稳定的数据，那就比较容易确定基线，以及判断干预措施是否发挥了效用。也只有在测量的结果表现出一组相对稳定的数据后，我们才能得出"干预措施与学生的某种行为存在着联系"这一结论。

二、案例研究设计的一个案例

下面，我们来看一个具体的案例研究设计。

[案例]

靳老师是某城市郊区中学初二（4）班的班主任。在他班里有一位叫鹏的学生，是个有名的"捣蛋王"，学习成绩比较差，擅长做恶作剧。最近，授课教师和学生频繁地向他反映鹏在上课铃响后走进教室时总喜欢发出一种怪声或做出一些古怪夸张的动作,有时候甚至采用恶作剧的方式,经常弄得全班同学哄堂大笑,使得刚刚静下来的班级秩序大乱。为此,靳老师找他谈过很多次都没有作用。有些授课教师干脆惩罚他让他站在教室前面,甚至门外,但情况却并没有好转。每次惩罚过后,一切照旧。为此,靳老师大伤脑筋,也大动肝火,但最终还是决定与他好好谈谈。

  一天下午放学后,靳老师把鹏叫到办公室,通过交流,他发现鹏似乎对惩罚并不介意,而且还觉得自己站在教室前面,受到了所有同学的关注,反而有一种沾沾自喜的感觉。

  靳老师在师范大学学习时学过教育心理学,他决定通过查阅文献来寻找对鹏这种行为的解释。美国心理学家斯金纳提出了一种"操作条件反射"理论,也就是强化理论,他认为人或动物为了达到某种目的,会采取一定的行为作用于环境。当这种行为的后果对他有利时,这种行为就会在以后重复出现;不利时,这种行为就会减弱或消失。人们可以用这种正强化或负强化的办法来影响行为的后果,从而修正其行为。简单地说正强化就是奖励,负强化就是惩罚。一般情况而言,经过强化的行为趋向于重复发生,强化措施会因对象的不同而有差异,正强化比负强化更有效。

  鹏是一个十分爱表现的学生,特别喜欢受到别人的关注。那么,反复惩罚过后,鹏的行为之所以变本加厉,是否是由于措施不当而恰恰强化了他的行为呢?靳老师决定设计一个研究来检验自己的研究假设。

研究方法

  靳老师决定在不告知任何教师和学生的情况下实施观察,结果发现,鹏差不多每天都有一到三次类似的表现,这样靳老师就确定了鹏行为的基线。靳老师决定以这个基线为基础，实施干预处理。

研究处理

靳老师找来了其他几位老师，告诉他们不要对鹏的行为进行惩罚，暂时采取不管不问的态度，照常上课，就像什么事都没有发生一样。

数据采集

靳老师对鹏的行为连续观察了两周，并做了如表 6-1 所示的记录。

表 6-1 观察记录表

周次	时间	学生行为反应的次数
实施研究处理的第一周	周一	3次
	周二	3次
	周三	2次
	周四	1次
	周五	1次
实施研究处理的第二周	周一	1次
	周二	0次
	周三	1次
	周四	2次
	周五	2次

修改研究处理

很明显，在这两周里，鹏的行为发生了一些微妙的变化，从第一周到第二周的周三，他的行为频率从 3 次减少到了 1 次。但是到了周四和周五又出现了反常，行为频率开始回升。靳老师决定再找他好好谈谈。通过访谈以及从其他同学那里了解到的信息，靳老师发现了一个比较微妙的现象。原来鹏行为的目的并不是要恶意破坏课堂秩序，也不是为了吸引全班同学的注意，而是要吸引班里某一个女同学的注意力。这让靳老师大感意外，或许这就是青春期孩子的一个典型特征，就是要在自己比较喜欢的异性同学面前展现自己，以引起她或他的关注。靳老师决定修改研究处理。为了避免误解，靳老师特意找到了包括这个女学生在内的五六名女生，告诉她们自己在做一个实验，让她们在鹏出现任何异常行为的情况下都不要注意他。在接下来的一周里，靳老师发现了一个明显的变化。

修改研究处理后的第三周：

周一	1次
周二	0次
周三	0次
周四	0次
周五	0次

靳老师注意到，在通过上面两次研究处理后，鹏不但改掉了原来的坏毛病，而且向来不爱学习的他也开始在课堂上积极回答老师的问题了，也许，他要换一种方法来表现自己，引起别人的注意了。

从这个案例中，我们可以看到案例研究设计的一般过程。靳老师发现了鹏的问题后并没有急于下结论，而是先通过理论上的思考和对前人研究结果的检索，提出了自己的研究假设——"惩罚强化了学生的错误行为"。然后，靳老师开始采用观察法来记录对鹏采取"措施"后鹏的行为反应，并收集了一些数据。在经过两周的干预后，鹏的行为虽然出现了一些变化，但并不显著，还不足以支持一开始的研究假设。因而，靳老师再次修改原先的研究设计，重新调整变量，将其缩小到几个女生身上，继续实施控制和观察，再次记录后，靳老师发现了鹏问题行为产生的原因，从而验证了当初所提出的假设。

教师行动研究采用案例研究设计具有许多方面的优越性。

1. 实现了教师与学生的合作

案例研究设计使教师和学生能够一起研究确定应对具体问题或情境的方式，研究者与被研究者的沟通与互动使二者容易达成共识。在案例研究设计中，教师与学生共同商讨干预措施，共同监督干预之后行为发生的变化。从上面的案例来看，靳老师自始至终都与学生保持紧密的联系，并获得学生的配合。

2. 能够及时了解被研究者——学生的反馈

教师在实施调查与干预措施前，能够及时了解到学生对所研究的问题或所采取的策略的反馈，教师可以随时对研究设计进行调整，从而保证研究能够顺利地开展下去。无论是开始观察前，还是第一次观察后，靳老师发现了最初的假设并没有被充分验证，他便与学生进行了充分的沟通，并及时修改了策略。

3. 紧密联系实践

一般大型调查研究所收集到的信息往往很难反映某个个体的看法，因为群体性研究所做的基本上是平均数分析，容易忽视个体行为。而在案例研究设计中,教师可以清楚地了解和掌握所采取的干预措施和学生的行为表现及其相互关系。通过对学生个体的细致观察,教师可以获得关于自身教学进程、教学手段、教学效果等细致的信息,从而及时发现问题,纠正错误,达到改善教学实践的目的。

4. 时间与资源的节约性

由于案例研究所针对的问题基本上都是教师在教育教学过程中所遇到的问题,因而,研究设计的过程与教学过程是整合在一起的。这种自然状态的研究不需要占用教师太多的时间,也不会造成额外的费用开支,在人力资源上的需求也不多。除非特殊疑难的问题需要教学专家的支持,而一般性的教学问题教师都可以独立或者通过与同事合作来解决。靳老师对鹏行为的研究设计都是在教学过程中展开的,既没有占去他太多的时间,也不需要过多的资源支持,而且很好地解决了问题,纠正了鹏长期以来的问题行为。

第二节 实验研究设计

一、实验研究设计的变量

实验研究设计涉及的变量有三个:自变量、因变量和无关变量。第一个是自变量,又称刺激变量,它是引起或产生变化的原因,是随研究者主动操纵而变化的变量。当两个变量 A、B 存在某种联系，其中变量 A 对变量 B 具有影响作用，我们将具有影响作用的变量 A 称为自变量。例如，研究不同的教学方法与学生学业成就的关系，教学方法就是该项研究中的自变量。在教育研究中，教材、教法、教学技术和手段、教学组织形式、教学风格、班级规模等都是常见的自变量。

第二个是因变量，又称反应变量，它是由自变量的变化引起实验对象行为或者有关因素、特征的相应反应的变量。因变量是自变量作用于被试后产生的效应，它是一种结果变量。也就是说，当两个变量 A、B 存在某种联系，其中变量 A 对变量 B 具有影响作用，我们将那个被影响的变量 B 称为因变量。例如，研究教师课堂讲授的时间对学生学习效果的影响，其中讲授时间是自变量，而学习效果则是因变量。因变量通常与教育目的有关，如知识的掌握、能力的增进、品德及其他优良个性品质的形成等。我们通常所说的学生发展核心素养或者关键能力就是最常见的因变量。

第三个是无关变量或者叫控制变量，它是除自变量以外一切可能对研究起干扰作用的因素。无关变量是研究者不想研究，但又会影响研究进程和结果的，需要研究者加以控制的变量。无关变量并不是与实验没有关系的变量，而是要在实验中加以控制或尽量保持恒定的变量。实际上，任何实验都无法绝对排除无关变量的影响，只不过要通过控制将这些影响程度降低到最小。例如，教师要通过实验来检验学生提前预习新知识对教学效果的影响，那么，教学效果是因变量，是否预习是自变量，而无关变量有很多，比如，学生的差异、教学时间和环境、教学所采用的技术手段、学生原有的知识准备、家庭辅导情况，等等。教师要通过一定的控制将这些无关变量对实验效果的影响降到最小。

实验研究设计必须满足以下三个条件。

条件之一，必须揭示变量之间的因果关系。比如，小组合作学习对于教学效能的影响，过度使用手机对学生思维能力的影响，等等。

条件之二，要选定好实验组和控制组。比如，在"学生提前预习新知识对教学效果的影响实验"中，教师要选择在实验前测评成绩大致相同的两个班，一个班作为"实验组"布置预习，另一个班作为"控制组"（也叫作"对照组"）不布置预习。经过一段时间的实验后进行后测，观察测量两班学生教学效果的差异。

条件之三，要尽量控制实验条件，减少无关变量的干扰，以证明实验结果的有效性。比如，在上述实验中，教师要保持两个班有一致的教学内容并运用同样的教学方法和手段，最好还能够保持教学时间和环境大致相同。

二、实验研究设计的基本程序

一个相对规范和标准的实验研究设计大致需要经过以下几个步骤。

（1）陈述研究问题并提出研究假设。教师要以简明扼要的文字来陈述自己的研究问题和研究假设。比如，某位教师要研究教学方式的改革问题，他提出的研究假设是"研究性教学比传授式教学更有利于学生对知识的掌握"。

（2）确定自变量，实施实验处理。教师根据自己的研究问题和研究假设，确定实验的自变量，然后通过改变自变量来观察和记录实验组与控制组的变化。在上述"教学方式的改革"实验中，自变量是教师的教学方式，教师在实验组实行研究性教学，而在控制组实行传授式教学。然后比较这两种教学方式哪一种更有利于学生掌握知识，也就是要验证他的假设。

（3）选择样本，确定实验单位。选择什么样的学生参与实验往往对实验效果有明显的影响，因而，选择样本非常重要。教师选择样本后，需组成实验单位。实验单位可以是单个人、班级，也可以是一个学校或团体。

（4）确定因变量。确定因变量就是确定要通过实验来测量研究对象的哪些品质，如学习态度、学习风格、学习能力、认知水平、思维品质、科学素养、学业成就等。

（5）选择实验控制方法。由于教学实验的对象是人，因而无法彻底排除很多无关变量的干扰。但若想确保实验的效度，就需要教师控制无关变量对实验结果的干扰，对实验中的许多无关变量进行控制。比如，在研究研究性教学与传授式教学哪种方式更有利于学生对知识的掌握这一问题时，教师应明确因变量是学生对知识的掌握，自变量是教师的教学方式，可能会影响到实验效果的无关变量包括学生原有的知识水平、教师的教学内容、教学选择的时间段，以及教学过程中所使用的技术手段等。教师要对上述无关变量进行控制，可以先选择两组学生，在实验开始前进行前测，以保证两组学生在原有水平上大致相当。然后，由同一位教师选择相同的教学内容在同一场所和大致相同的时间段运用两种不同的方法对实验组和控制组进行教学。当然，实验场域的选择也很重要，教师应在普通教室中完成对两组的教学，以保证他们教学环境的一致。

（6）选择合适的实验设计类型。实验设计有很多种类型，不同的实验类型适合于不同研究目的的需要。选择实验类型首先需要考虑自身研究的目的，其次还要考虑能否控制外来因素的干扰，以较为简便地进行操作。因为有些实验设计类型虽然实验效度比较高，但对实验的条件要求也比较严格,且程序烦琐,费时费力,不便于教师开展研究。对于哪些实验设计比较适合教师选用,下面将会专门谈到。

综上所述,教师实验设计的基本步骤可以参见图6-1。

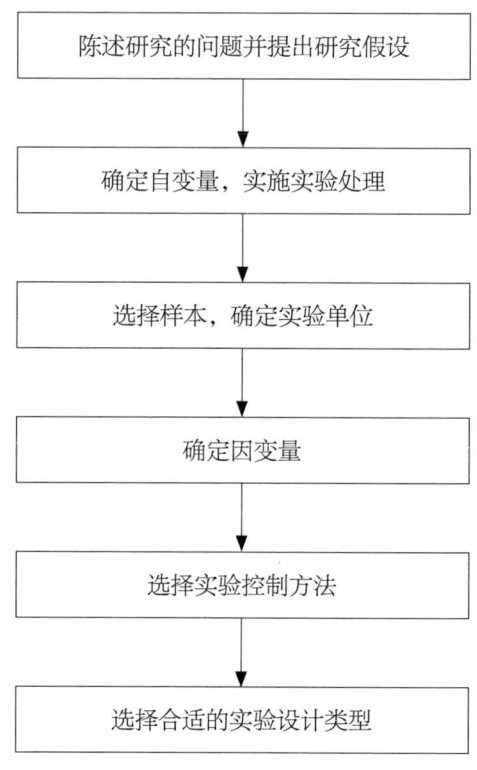

图6-1 实验设计的基本步骤

三、常用的实验设计类型

(1)单组前后测实验设计。基本程序如下。

第一步:选择实验对象;

第二步:进行前测;

第三步:控制实验环境,实施干预措施;

第四步:一段时间后,进行后测;

第五步：比较后测和前测的差异；

第六步：归纳研究结论。

单组实验操作起来比较简便，几乎所有教师都可以在教学中使用。单组前后测实验对于教师粗略了解或检验某种教学手段或班级管理方式的效果有一定的帮助。但是，由于实验控制比较差，很多无关变量无法排除在外，单组实验效果的信度比较差，应谨慎使用。

（2）等组后测实验设计。基本程序如下。

第一步：选择实验对象，用随机的方法将实验对象分成条件相等的两个组，一组为实验组，一组为控制组；

第二步：实验组接受实验处理，而控制组则无；

第三步：实验处理后，两组都接受测评；

第四步：比较两组实验结果；

第五步：归纳研究结论。

相对于单组实验，等组实验设计能够较好地控制无关变量的干扰，信度比较高，操作起来也不太困难，是一种比较理想的实验设计。缺点是由于没有前测，无法确定实验处理是否对不同层次的受试者有不同的效果。

（3）等组前后测实验设计。基本程序如下。

第一步：用随机方法选择实验对象，并将其随机分派到实验组和控制组；

第二步：对两组实行前测，记录前测结果；

第三步：实验组接受实验处理，而控制组则无；

第四步：实验处理后，两组都接受后测；

第五步：分别比较两组前后测结果；

第六步：归纳研究结论。

等组前后测实验，相对其他实验设计来说更为严谨、科学，也更能有效避免无关变量的干扰，实验结果相对比较可靠。

（4）不相等组前后测实验设计。基本程序如下。

第一步：以班级为单位，将班级随机分派为实验组和控制组；

第二步：对两组实施前测；

第三步：实验组接受实验处理，而控制组则无；

第四步：实验处理后，两组进行后测，比较两组前后测的差异；

第五步：归纳研究结论。

在这一实验设计中，虽然采取随机方法分派实验组与控制组，使得两组在各方面条件未必相等，但由于都有前后测，不会太影响实验效果。尤其重要的是，这一设计是以班级为实验单位，与教学单位保持了一致，不会对教学秩序造成影响，因而也是教育研究中最常用的实验设计。

[案例]

关于历史课上使用多媒体的实验研究

问题：在历史课上使用多媒体的教学效果分析。

研究假设：在历史课上使用多媒体教学比不用多媒体教学更能激发学生的学习兴趣，更有利于学生记忆历史事件。

确定自变量：教学手段，即是否使用多媒体。

取样并确定实验单位：随机从两个教学班中抽取相等数量的学生，以每一个学生为实验单位。

确定因变量：学生学习兴趣和对历史事件的记忆。

实验控制：

（1）随机抽取两个班级中的学生组成两个组，确定一个为实验组，另一个为控制组；

（2）使两组男女生比例相等；

（3）两组的教学内容相同；

（4）两组由同一个教师教学；

（5）教师在同一时间段教学；

（6）布置相同的作业量，课堂和课下练习时间相等。

实验设计类型：等组前后测实验设计。对两个组实行前测，记录成绩；对实验组运用多媒体教学，而在控制组不使用多媒体；教学后对两组实行后测；分别比较两组实验前后的差异；从记录的数据中验证假设。

四、关于教育实验设计的效度问题

所谓效度，是指实验设计能够回答所要解决问题的程度，更通俗地说，就是实验设计要有针对性，不能是你期望通过实验要得到结果A，而由于设计不当，却出现了结果B。比如，你本来是想通过实验来验证研究性学习与传授式学习哪个更有利于激发学生的学习兴趣，可是由于实验设计不当，没有控制好无关变量的干扰，结果，不但没有找出教学方式与学生学习兴趣的关联，甚至有可能还得到"意外"的结论，如教学内容与学习兴趣的关联等。

实验效度包括内在效度和外在效度两种。内在效度指的是自变量与因变量联系的真实程度，即研究的结果被解释的程度。它表明的是因变量的变化在多大程度上来自对自变量的操纵。只有当实验的结果仅仅是由于操作自变量和控制了无关因素的干扰所得，这个实验才是有效的。内在效度决定了实验结果的解释，也直接决定了实验的意义和价值，没有内在效度的实验研究是没有价值的。

影响实验内在效度的因素很多，主要包括如下几个方面。

（1）实验过程中实验环境的意外变化会对实验对象产生各种影响。比如，教师在对学生进行测验前发表长篇演说、鼓动，或者意外批评了学生，使他们对实验测验产生了兴奋或抵触情绪等。这些突发性事件干扰了实验环境，引起了实验对象行为的意外变化，从而使测验出来的结果不能反映实验对象的真实表现。

（2）实验对象的自我成长也会影响实验的内在效度。比如，当研究学生思维水平时，即使没有对实验对象实施干预措施，经过几个月后，学生的思维水平也会有所提高。而采用等组前后测实验设计的方式可以减少成熟因素的影响。

（3）测验本身对实验对象的影响。如果在实验中对学生进行前测，学生对试卷的内容就会有所了解，那么在相同水平的后测中，学生就不可避免地会受到前测的影响。

（4）对实验对象进行测验时所采用的工具、手段和技术，甚至测验者本人的情绪状态和行为方式都可能影响到测验的效度。所以，要在实验中尽量保持工具、手段、技术的一致性，测验者本人也应该保持比较稳定的情绪。

（5）实验对象之间的差异。学生与学生之间的差异是很大的，即使有前测，也很难使控制组和实验组的学生完全同质，因而实验对象之间的差异就可能导致实验效果的差异。比如，当研究学生的阅读水平时，恰好实验组中有一名学生在阅读方面有很好的天赋，因此，他的成绩就可能会影响到对实验结果的解释。另外，男女学生在两个组中分配不均也会对实验结果产生影响，毕竟男女生在各方面素质的发展上存在一定的差异。

（6）实验对象的流失。在实验过程中，由于意外原因所导致的实验对象的流失也会在一定程度上影响实验效果。

外在效度是指实验结果能够在多大程度上被推广和应用，或者说，在一种教学情境中所得出的结论是否能被正确地应用到其他情境中去。影响实验外在效度的因素也很多，尤其是取样偏差，使实验对象在整体中的代表性很差，因而，即使实验的内在效度很高，得出的实验结果也很难推广到其他教学场景中去。比如，某位教师要研究运用多媒体教学对学生的学习效果产生的影响，但是，他选择的实验对象一个是重点班的学生，另一个是普通班的学生，因此，从重点班与普通班对比中所得出的实验结果就很难进行推广。

当然，影响实验效度的因素还远远不止这些，对于教育实验来说，实验对象不是客观物体，而是有主观能动性的人，因此不可控制的因素实在太多。这就要求教师对待教育实验要有正确的态度，不可盲目轻信、夸大和片面解释与应用某些实验结论，应采取批判和研究的态度，在教学中不断探索、不断求证。

第三节 调查研究设计

一、调查研究设计的意义

毛泽东同志有句名言，"没有调查，就没有发言权"。调查研究是弄清楚现实情况，收集"民意"的重要渠道，也是决策科学化的重要前提和保证。众所周知，国家或地方政府在出台重大政策之前都要进行长时间的、大量的社会调查，以弄清楚现实情况和民众的反映，从而确保决策的实施效果。其实，不仅宏观决策如此，学校领导做决策和教师在教学过程中做决策也要充分了解教师或学生的想法，这样才能使管理和教学更有效率。过去，学校管理也好，教师教学也好，很多行动往往是凭主观感觉来决定的，很少考虑到学生的想法。所以，经常会看到一些看似科学、合理的管理和教学策略，却没有收到很好的效果，其根本原因在于没有调查，不知道自己学校、自己班级的真实情况，也不知道教师和学生的真实想法与需要。从这个角度来说，调查研究设计也是保证学校管理和教师教学有效性的一条重要途径。

二、调查研究设计的分类

调查研究设计在实践中的应用非常广泛。按照不同的标准，调查研究设计可以分为不同类别。

从调查的目的出发，可以分为现状调查、反馈调查和预测调查。现状调查就是了解基本情况，如关于学生的家庭背景调查、教师学历结构和教学水平的调查、学生学习习惯和方法的调查等。反馈调查是就某一措施实施后调查使用者的感受和评价，以了解该措施的实施效果，比如，学校实施了绩效工资的新方案，教师实施了新的教学方式，学校开设了新的课程或者实施了新的教材，等等，都要了解教师和学生对新方案、新教法和新课程的看法和意见，就需要开展反馈调查。预测调查主要是对某一时期的教育、教学发展趋势或者动向进行预测的研究。比如，"十四五"规划要开展学校教学改革，学校可以通过调查当前的教育改革政策、其他地区或者教育发达国家和地区的学校教学改革经验，甚至是调查社会产业结构和经济发展等，以预测学校教学改革的方向和措施。学校也可以通过调查教师的教育教学观念、方式方法、技术手段等，以及学生当前的学习方式与学业成就水平，从而预测学校未来几年的发展趋势，以及可能要改进的问题。

从调查涉及的对象范围，教育调查可以分为普遍调查（也叫普查）、抽样调查、重点调查或个案调查、德尔斐法调查。普查，顾名思义，就是对研究中所有涉及的对象不加选择地进行全面调查，这种调查在样本总体比较小的情况下可以使用，如教师要了解学生在教师教学后的学习效果就可以使用普查，但是在样本总体比较大的情况下，就很少使用普查了，一般都使用抽样调查，也就是根据样本总体情况和研究需要，从研究对象中抽取一定的样本作为调查对象，这在研究中是最为常用的调查方法。关于抽样的原则和方法，在前面有关抽样的具体方法中已有详细阐述，在此不再赘述。重点调查或者个案调查就是根据研究需要选择代表性案例进行调查研究，实际上就是目的性抽样调查。比如集团化办学、校长职级制改革、县管校聘教师人事制度改革等，在全国各地的实践中都比较多，研究者可以选择一个改革比较成功的地区案例，或者选择一个与自己环境和条件比较接近的地区来进行调查研究，以获得可以借鉴的经验。当然，也可以选择改革不成功的地区进行调研，以吸取改革教训。德尔斐法调查也叫专家调查，主要是就相关问题对本领域中有影响的权威专家进行意见咨询的调查方法，如教师要开发一套有效教学的评价指标体系，就非常需要咨询有关教学评价专家的意见，以保证评价标准的科学性和有效性。德尔斐法调查在教学研究中也有着广泛的用途，特别是在教育教学日益走向专业化和科学化的时代，特别需要专家力量的参与，以提高学校科研的水平和质量。

三、调查研究设计的基本程序

不管哪一种调查研究，在具体的研究设计中，其基本程序主要包括以下六个步骤。

第一步，确定调查课题。

第二步，选择调查对象。选择调查对象就需要抽样，抽样的具体方法在前面已经阐述过，采取何种抽样方式主要看研究的需要和研究对象的特点。由于日常教学都是以班级形式开展的，教师在研究中最常用的抽样方式就是整群抽样，也就是以班级为单位的抽样。

第三步，确定调查方法和手段。调查方法根据调查对象的特点和样本的大小来决定，一般来说，调查的方法主要有访谈法、问卷法、测量法等，这些内容在上一章中也已讨论过。

第四步，制订调查计划。确定调查的人员、时间和地点，以及调查实施的步骤和程序。

第五步，实施调查。对所选择的对象实施调查。在实施调查的过程中应充分尊重被调查者，让被调查者了解调查的目的和用途，并对被调查者的相关信息进行保密。

第六步，整理、分析调查资料，撰写调查报告。分析、整理调查资料是调查中至关重要的一个环节。关于资料分析的一些基本方法以及如何撰写调查报告，后面会有进一步的阐述。

第四节 课题研究设计

教学过程是一个充满了不确定性的复杂过程，教育教学的问题每时每刻都在发生，只不过问题的大小和影响的程度不同而已。有些问题相对比较简单，教师个人可以现场解决，不需要太多的时间和资源。而有些问题却比较复杂，可能需要教师投入很多的精力和时间进行比较系统和持久的研究，甚至需要很多研究资源和很多人的支持，这就需要教师以课题研究的方式向学校、上级教育主管部门或其他支持性机构提出申请，要求立项进行研究。以课题立项的方式进行研究，不仅可以持续地、系统地对学校教育教学中的重大和疑难问题进行深入的研究，而且可以使更多的教师参与进来，通过课题搭建教师交流互动和共同成长的平台。

由于课题研究相对比较系统和规范，因此研究设计要求也相对复杂一些。研究者不仅要阐述研究的价值和意义，还要详细说明研究中要解决的问题和使用何种方法来解决问题，而且对研究所需要的资源，包括时间、人员和经费等都必须做出清晰和相对准确的预计。

一、提出研究假设

在确定了要研究的问题以后，课题研究的一个重要任务是要提出研究假设。研究假设是根据一定的科学知识和新的科学事实，对所研究的问题的规律或原因做出的一种推测性论断和假定性解释,是在研究之前预先设想的、暂定的理论。对各种教育问题和现象所做的且尚待证明的初步解释都属于假设性质。[①] 教育研究假设就是教师根据教育教学理论和原则对所观察到的教育现象和问题做出的一种推测性的解释。

某一个教育现象或教育问题的出现,往往隐藏着许多复杂的影响因素。对于这些因素,我们不可能逐一进行研究,这样既浪费大量的研究精力,也无法得出有效的研究结论。较为科学的研究假设则可以很好地避免这种盲目性,为研究指出明确的方向,帮助研究者界定自己的研究内容,并对研究方法的选择、研究进程的设计都具有极其重要的指导作用。

比如,有一位教师要研究"课堂分组教学"问题,其假设是"学生之间存在很大差异,学习的过程是学生主动探究知识的过程,而目前的大班授课使教师很难照顾到不同学生的需要,无法调动所有学生的学习主动性。因此,必须改变传统教学组织形式。如果把班级分成不同的小组,让每个小组在教师的指导下主动探究,并在小组内部和小组之间进行交流和对话,就能够有效地解决大班授课的缺陷,促进全体学生的共同发展"。这一假设首先明确了研究者的研究问题和研究方向,其研究的主要任务是探讨教学组织形式与学生发展的关系。其次,指出了研究者对问题解决方案的预测,即通过分组教学来解决大班教学的缺陷。再次,指出了研究者可能要从哪些方面来收集材料,要采用哪些方法来进行研究。教师可能会收集关于教学组织形式的材料、班级授课制的优缺点、分组教学对课堂教学效果的影响等内

---

① 裴娣娜. 教育研究方法导论 [M]. 合肥:安徽教育出版社,1995:104.

容。在研究方法上，可能会采取观察法和访谈法，以及测验的方法来对比分组和不分组的教学效果。最后，这一假设也预测了可能潜在的研究问题，如小组教学如何分组才能使学生真正实现自由交流，达成教学目标等。

由此可见，研究假设对于研究具有极其重要的意义。但是，并非所有的假设都是好的或科学的，一个好的研究假设必须建立在科学的理论基础之上。比如，上面的例子中，教师的研究假设就是建立在"有教无类""学习的过程是学生主动探究知识的过程"这样一些基本的教育教学理论基础上的。如果教师的脑海中没有这些理论，他就很难提出教学组织形式与学生发展的关系问题。所以，我们强调，要做研究型教师首先必须要在教育教学理论上充实自己，丰富自己的头脑，使自己能够对自己的教学实践保持一种高度的理性反思，从习以为常的教学现象中发现有价值的问题。另外，研究假设的表述要准确。下面还会谈到如何将一个研究问题表述为一个研究假设。研究假设必须是可检验的，也就是说，研究假设对多种要素之间关系的预测可以通过研究或实践进行求证，不能通过研究或实践来求证的假设是不科学的。

需要说明的是，研究者提出的研究假设不是一成不变的。随着研究者掌握材料的增多、分析问题的日益透彻，研究者对一些问题的看法可能就会改变，因而，研究假设也会随之修改。也就是说，一个好的研究假设是在研究过程中不断完善和提炼出来的。

相对于研究问题而言，研究假设是一种更专门的、带有预测性质的表述。例如，一位教师观察到学生在受到教师关注后，学习的主动性似乎更高一些，于是，他想探究一下改善师生关系对于提高学生的学业成就是否会有很大的作用。在查阅了相关文献资料后，他发觉经常找学生聊天，与学生交朋友，对于调动学生的学习主动性、提高学业成就有很大的作用。于是，他提出了"改善师生关系是提高教师教学效能的有效途径"的假设。经过这样一个过程，这位教师已经从单纯的观察问题过渡到了提出研究问题、提出研究假设，最后过渡到了检验研究假设并进一步提炼研究假设。

因此，研究假设是一种肯定的表述，这种表述预测了研究的结果，或者做出了两个或多个变量之间关系的可能解释。表6-2给出了几个从研究问题转换到研究假设的案例。

表6-2 从研究问题到研究假设

研究问题	研究假设
45人以下的班级是否比45人以上的班级有利于提高学生的学业成就？	班级规模影响学生学业成就
惩罚学生是否有助于学生改正错误？	表扬学生比惩罚学生更有助于学生改正错误
为一个性格内向的学生分配一项班级管理任务是否能增加他与其他学生的交流与互动？	角色扮演是促进性格内向学生与班级其他学生进行交流的重要途径
分组教学是否有助于提高课堂教学的效率？	（读者可以仿照填写）

确定了研究假设后，研究者可以针对自己的假设来做研究设计，包括选择研究对象、研究方法等，广泛收集材料和证据来证明自己的假设，以得出可靠的研究结论。实际上，整个研究的过程就是检验假设的过程。

二、把握课题研究设计的关键步骤

提出研究假设后，课题研究的核心任务实际上就是围绕如何验证假设来进行设计。具体来说，课题研究设计包括以下几个部分。

1. 课题研究的缘起和意义

在这一部分，研究者要着力阐明为何选择研究该问题，包括问题产生的背景、现状、问题的影响程度，以及研究者选择这样一个问题进行研究的动机和目的是什么，该课题对教育教学实践有何价值等，即说明"为什么要研究""研究什么"等问题。

2. 研究问题的表述和研究假设

有些课题仅仅从题目上就能看出研究者要解决的问题和研究假设是什么，也就是说，课题的名称可能就是研究问题或研究假设。比如，"小学寄宿制学生管理中存在的问题研究""教师教学风格对学生学习方式的影响研究"等。但是，有些研究课题，问题和假设从题目中都不太容易看出来，这就需要研究者进一步进行界定，比如，农村学校校本课程的开发研究等。

3. 对研究中涉及的主要概念进行界定

由于不同的人对同一概念的理解可能不太一样，而且有些概念在不同的情境中也有不同的意义,再加上很多概念还存在着广义和狭义的理解。因此,研究者正式开始研究之前,必须对自己研究中涉及的、有可能存在歧义的核心概念进行界定。否则,研究的范围就无法界定清楚,可能导致研究无法进行下去。所以,核心概念的界定对于任何一个研究来说都是特别重要的事情。当然,对概念的界定是在阅读很多文献的基础上,主要是从当前已经被认可的权威性观念中提炼出来的。研究者不能为了自身研究的需要而捏造或篡改概念。为了研究的方便,概念界定不能仅仅下一个定义或者说属性定义,最重要的是要对概念进行操作性定义,要给出概念所包含的核心要素或者指标。比如,如果我们研究文化,就需要对文化进行界定。文化的定义有很多种,中国文化学家梁漱溟认为"文化就是一个社会过日子的方式",而英国文化学家泰勒的定义是"文化是一个复合的整体,其中包括知识、信仰、艺术、道德、法律、风俗以及人作为社会成员而获得的任何其他能力和习惯"。虽然两者都比较精确地把握住了文化的实质,对我们理解文化有很大的帮助,但是从研究的角度来说,后者的定义更容易操作。

概念界定有时也可以放在文献综述部分。

4. 文献综述

文献综述主要是说明在相关或类似问题上,别人都做了哪些研究、采用何种方法做的、有哪些主要观点、还存在什么问题、与本课题是何种关系等。文献综述是做好一项研究的基础,因为只有清楚了别人研究的基本情况,才知道自己的研究方向。所谓"站在别人的肩膀上"正是文献综述的意义和价值。如何做文献综述可以参阅前面的阐述和范例。

5. 研究的目的与主要内容

研究目的是研究的方向，对研究有着重要的规范作用。研究者要根据自身的特点、能力和学校资源条件理性地设定研究目的，防止研究目标过高而使研究无法操作。然后，确定所要研究的主要内容，研究内容与所研究的问题要保持一致。

6. 研究对象

选择哪些对象进行研究，采用什么样的抽样方法，样本的大小、规模、代表性都要在研究对象部分加以说明。

7. 研究方法与研究工具

主要阐明采用什么研究方法和工具，以及用这些方法和工具来解决什么问题，如何使用这种方法和工具等。

8. 研究的程序和进度

该部分主要阐明研究怎么开展，以何种方式进行组织，如何分工，分几个阶段进行研究，每个阶段要做哪些事情等，以保证研究能够按照计划顺利开展。

9. 主要阶段性成果和最终成果表现形式

主要说明每个阶段的成果以及最终成果的形式，如论文、调查报告等，保证研究有结果。

10. 完成课题的条件分析

包括人员结构、资料设备等。

11. 经费预算

比较复杂的研究课题需要更多的时间、人力和财力的投入，所以，研究者应该根据研究的需要合理预算经费和支出项目。

12. 参考文献

研究中引用过的数据和观点的出处应在参考文献中一一列出，包括著作、报刊文章、研究报告、论文，以及其他人员所提供的没有发表的原始材料等。其目的是使别人了解你在研究中使用了哪些材料，同时也是对别人研究成果的尊重。参考文献的编目应该按照目前比较通用的编辑格式，要努力符合学术规范的要求。

13. 附录

附录主要呈现研究者在研究中使用的访谈提纲、问卷以及一些量表和测量工具等。

以上所列举的13个部分为课题研究设计提供了一个基本参照，代表了课题研究设计的常用模式，但这并不意味着所有的课题研究都是如此，也不一定完全按照这样的顺序来进行。不同的研究者在应对不同的研究类型时，在研究的具体步骤和设计过程中可能会有些差异，研究者可以根据研究的需要进行适当调整。

三、写好课题申报书

课题研究一般都属于专门立项的研究任务，因此写好课题申报书也非常必要。课题申报书的目的是向资助方或者管理方阐述课题研究的理由、目标、思路、研究设计、研究计划、预期成果等，以获得研究资源的支持。

以全国教育科学规划领导小组办公室发布的2021年度国家一般课题申报书的活页论证内容为参照，一般来说，课题申报书主要包括以下几个方面的内容。

1. 选题依据

主要是阐述选题的理由，包括政策导向、实践问题与需求等，也包括对国内外相关研究成果和研究动态的梳理、课题核心概念的界定、课题研究与以往类似研究的关系及其学术价值和应用价值等。

在中小学课题申报中，这一部分是比较薄弱的，多数课题申报书的选题依据论述不充分，文献阅读的量和质都不够，缺少对相关研究成果的认真梳理、比较、分析和评述，核心概念界定不清或者缺少操作性，导致研究课题的理论基础和分析框架难以建立起来，使许多研究停留在经验的层次上而难以有所创新和贡献。

2. 研究内容

包括研究对象、研究问题、研究目标、研究思路和框架、研究重点难点。教师在申报课题中需要特别注意的是如何区分这些类似概念，比如，研究对象、研究问题和研究目标，很多课题申报书都没有完全区分开来。一般来说，研究对象主要是研究课题涉及的人或者组织等，而研究问题是对研究课题的分解和细化。通常情况下，一个课题都会分解成3—5个小问题，如果能够直接转化成问句的形式更容易识别，当然用陈述句的方式表达也是可以的。有时候也可以采用把一个大的课题分解成子课题的形式来表达研究问题。但无论采取何种形式表达，都需要能够涵盖研究课题所涉及的主要问题。

研究思路是指研究从哪里开始，如何展开，基本线索和路径是什么，而研究框架则更为重要，是对研究思路和整体研究设计的结构化表达，好的研究设计在研究框架上就应该有所创新，也是研究价值的重要体现。只有建立了好的研究框架，研究才能科学地展开。所以，研究框架有时候会被看成判定一个课题研究水平的重要标准。当然，要建立好的研究框架绝非一日之功，一蹴而就，不仅需要研究者有较为深厚的理论基础，也要有相当多的研究经验的积累。

3. 研究方法

主要是阐述研究要使用的研究方法和工具，尤其是选择方法和工具的理由，以及如何在研究中使用这些方法和工具。在中小学教师中，由于相当多的教师未受过系统的研究方法的训练，关于方法介绍的部分比较薄弱，基本上都是列举和堆砌，把自己所知道的研究方法都列出来，认为方法写得越多越好，并不清楚方法论、方法和工具之间的逻辑关系，也不清楚方法的使用目的和方式，列出的方法差不多成为一种摆设和累赘，有时候甚至自相矛盾，比如，相当多的教师课题研究在方法上都会写"行动研究"和"调查研究"，殊不知这两种方法根本不在一个层次上，前者可以说是属于方法论层面上的方法，也就是说行动研究是区别于大学学院研究的一种研究范式，注重研究者研究与行动的融合，换句话说就是研究者通常也是行动者。但是在行动研究的过程中也会使用调查研究的方法，所以两者不是平行关系，而是包含关系。

4. 研究计划

主要是研究的时间安排，关键是要根据研究的推进写清楚每一个阶段的研究任务。

5. 创新之处

一项课题研究的价值主要取决于是否有创新，包括理论创新、观点和结论创新、研究方法创新以及解决问题的路径创新。

6. 预期成果

主要是研究有可能做出的贡献，一般来说预期研究成果的形式主要包括预计要发表的论文、著作和研究报告。如果有可能的话，还要说明研究成果的应用前景和途径及其有可能产生的社会效益等。

7. 研究基础及其可行性

任何一项研究都需要有一定的基础和条件，因此课题申报时需要阐述研究者的研究基础，包括课题主持人及成员此前相关研究的经验和成果，理论和方法上的准备，以及为开展研究所必需的资源、时间、人力和经费方面的准备，从而保证研究能够顺利开展。

8. 参考文献

主要是撰写课题申报书和开展课题研究所参考的中外文献。很多教师在申报课题时不太重视参考文献，认为这一部分比较虚，是一种形式，因而随意列出几篇文章和著作附在后面。其实，这是一种比较大的误解。参考文献实际上从一个侧面反映了研究者的学术水平和研究的理论基础，如果敷衍了事地附上几篇毫不相关的，或者质量低劣的文章和著作，会大大降低课题研究的水准。所以，文献不仅不能随意应付，而且要严格按照学术规范和标准来呈现。

总体而言，写好课题申报书是一个研究者的基本素养，也是做好研究的前提。为此，要认真对待，力求体现以下几个方面的要求。

一是要细致。要充分理解和把握课题申报的每个环节，要在充分讨论的基础上撰写，并不断修改完善，切忌闭门造车和文字堆砌。

二是要具体。研究内容的确定、问题的表述、时间进程的安排、经费需求与支出预算等，都要有具体的表述。

三是要科学。课题研究要有科学的理论做支撑，不能依靠经验和想象；要用科学的研究方法、手段来收集和分析材料与数据；观点和结论的表达都需要有证据支持，切忌主观臆断。

四是可操作。课题申报要充分考虑自己的研究能力和条件，实事求是地确定研究目标、任务和研究成果，切忌好高骛远。

四、为开题做准备

做完了研究设计，写好了课题申请报告，接下来就要为开题做准备了。开题是规范研究所必须经历的重要环节，其目的是邀请同行和本领域专家再次论证研究选题和研究设计的科学性、研究的可行性等，以更好地保障研究的开展。

准备开题的一项重要工作是要提交一份完整和规范的开题报告，内容主要是来自研究设计和课题申请报告，也就是把研究设计和申请报告中的关键内容转换成一份开题报告，以方便同行、专家阅读和修正。因此，开题报告要把研究的核心内容和工作说清楚，如选题依据，核心概念的界定，文献综述的基本情况，研究的主要问题，研究思路与方法，抽样、工具的编制与检验，研究计划安排等。

为了使开题更加规范，开题报告的呈现尽量符合下面的基本格式要求（见表6-3）。

表6-3 中小学教师研究课题开题报告格式

一、封面
课题名称： 主持人： 单位： 时间：
二、目录
一般注明到二级目录即可，如果特别需要，最多到三级目录。
三、开题报告正文
开题报告结构上一般包括以下七个部分： （一）选题的缘由及其意义和价值 提出你的研究话题（可以结合实践、理论和政策来提），然后从研究话题逐步聚焦到研究问题，进而说明研究意义和价值。 （二）文献综述 文献综述主要有以下几个方面的内容： 1.对核心概念的梳理和界定，要给出自己对核心概念的理解和操作性定义。（核心概念和文献综述也可以分开） 2.查找同类研究的主要成果，包括著作和发表在期刊上的文章。对其中核心观点、研究方法和工具、主要结论和建议进行综述，不能简单地罗列别人的观点，要对这些研究做一些评价，提出自己的疑问和思考。 3.在综述的基础上进一步提出和细化自己的研究问题，以及研究的视角、思路和框架。 4.一定要标注文献。如果引用前人的原文，必须用引号标注，并标注文献出处，这是最基本的学术规范，也是对别人研究成果的尊重。 （三）研究思路、目标和主要研究内容 这一部分主要是在前期文献梳理的基础上，阐述你对这个问题研究的基本设想，包括从哪些视角、用什么理论和方法来研究这些问题，最终期望达到什么样的研究目标，并详细地列出在这个研究中你要着力探讨的几个核心问题。这些问题建议用提问的方式来表达。

续表

（四）研究方法

中小学教师所做的研究课题一般都是围绕学校管理、教育教学实践中的现象或问题所做的研究，都应该有明确的研究情境（如学校情境、课堂情境、办公室情境等）和研究对象（如学校管理者、教师、学生、家长、课堂活动、学校活动等）。由此，这些研究都要在一定的研究情境中针对特定的研究对象收集一手的数据（包括数字和文字）并以此为证据来回应提出的研究问题，这样的研究称之为"实证研究"或"经验研究"（这里的"经验"意指研究者必须亲自到研究情境中体验）。由此，这一部分主要包括以下内容：

1. 收集资料的方法：针对每一个研究问题详细陈述你使用哪种（些）收集资料的方法。例如，你如果使用"访谈法"，那么就要详细陈述访谈的对象有哪些人、多少人、多少次、访谈提纲是什么（访谈提纲可以作为附录放在参考文献后面）；

2. 分析资料的方法：通过上述方法收集了资料后，你也要详细陈述分析这些资料的方法。例如，如果使用问卷调查法（编制的问卷也需要放在文末的附录里），那么如何分析这些问卷呢？是使用 Excel 软件来分析，还是使用 SPSS 软件来分析，还是你手动统计，都要详细说明。

实证研究一般分为量化研究和质性研究，前者一般是通过封闭式的问卷调查收集资料，后者主要是通过访谈法、观察法、实物收集法（如学生的作业本、教师的备课笔记、学校的日志、照片、影像资料、政府发布的政策文件等）收集资料。不管通过什么方法收集资料证据，都要强调"证据链"，而不是东拼西凑。

（五）研究计划

这是一个工作计划，就是如果要开展这个研究，你打算怎么来做，如哪些人参加、什么时候开发工具、什么时候发放问卷和访谈、什么时候整理和分析资料、什么时候撰写研究报告等。如果可能的话，也可以把最终的研究报告体例呈现出来。

（六）参考文献

列出你在本研究中所参考的文献，建议将中文和外文文献分类列出，排列的时候可以以作者姓氏拼音，从 A—Z 进行排列。

续表

（七）附录
把你在研究中用到的调查工具，如问卷和访谈提纲、观察表、政策文本等，不需要在正文中出现的，但对整个研究具有重要价值的资料附在后面，并顺序排列，如"附录一：调查问卷""附录二：访谈提纲"……。
四、排版格式
整个开题报告的排版格式（包括字号、字体、行距、几级目录等）都要保持一致，一级目录、二级目录和三级目录之间适当进行字体区分，以使文本内容更加清晰和有层次感。
［案例］"教师参与学校治理对教学领导力的影响研究"开题报告
目录 1. 问题的提出 1.1 研究背景 1.2 研究目的 1.3 研究意义 1.4 研究问题 2. 文献综述 2.1 有关领导力的理论研究 2.2 对教师领导力的研究 2.3 有关教师参与学校治理与教师领导力关系的研究 3. 核心概念界定 3.1 教师领导力 3.2 学校治理 4. 研究设计 4.1 研究对象 4.2 研究内容 4.3 研究思路与框架 4.4 研究方法与工具

续表

5.研究重点、难点与创新点
5.1 研究的重点
5.2 研究的难点
5.3 研究的创新点
6.研究计划（时间进度表）
7.拟研究报告结构
8.参考文献
9.附录：研究工具
附录一：教师自评问卷
附录二：授权领导量表
附录三：教师参与学校管理问卷

◎ 思考题

1. 如何做好调查研究设计？

2. 实验设计有哪些基本类型？

3. 怎样写好课题申报书？

4. 开题时要做好哪些准备工作？

| 第七章 |　学会表达研究成果：走向理论自觉

教育的根是苦的，但其果实是甜的。

——亚里士多德

研究成果的提炼与呈现既是研究者自身思维清晰化的一个过程，也是教师之间分享彼此研究发现的一种重要途径。同时，教师把研究成果整理出来，并以一定的方式呈现给读者，可以很好地帮助教师从科研中获得成就感，从而进一步激发教师参与科研的动力。因此，研究成果的呈现是教师研究过程的一个重要环节。

一提到"研究成果"，大多数人的脑海中可能都会很自然地想到论文、研究报告、著作等，似乎只有这些形成文字的东西才称得上是"研究成果"。实际上，由于教师研究与专业研究在研究的目的和任务上的不同，教师研究成果的呈现方式相对于专业研究来说往往更加多样化，表达上也更为自由，如研究报告、经验总结、教育叙事等。下面介绍几种教师常用的研究成果呈现方式。

第一节 教学课例

教师研究是否取得成效往往是从教师的教学行为表现中反映出来的。因此，教学行为的变化既是检验教师研究成果的主要标准，也是教师研究成果的主要表现形式。教学课例就是教师研究成果的一种很好的表达形式。所谓教学课例就是教师记载某节课或某些课教学的实际过程和完整场景，记述在教学过程中碰到的问题和采取的解决方案，以及教师自身对教学过程的反思。其主要表达形式为"教学设计＋教学实录＋教学反思"。

[案例]

"年、月、日"的教学

数学课堂教学活动应当是一个活泼的、主动的和富有个性的学习活动空间。数学课堂应该让学生在动手实践中，在自主探索中，在合作交流中去思考、去质疑、去辨析、去释疑，直至豁然开朗。要充分体现数学课程标准的"双主体"理念，让学生成为学习的主体，教师成为教学的主体。在这个理念的支撑下，我在教学"年、月、日"时进行了深入研究，做了大胆的尝试。

教学目的：

（1）通过自主探索，使学生认识时间单位年、月、日，知道大月、小月、平年、闰年，记住各月及平年、闰年的天数，初步学会判断某一年是平年还是闰年。

（2）在探索学习的过程中培养学生自主、探索、合作学习的能力，以及观察、对比、概括能力，促进学生数学思维的发展。

（3）让学生通过亲身参与实践活动，获得情感体验和成功体验，培养学生愿学和乐学的兴趣。

教学重点：有关年、月、日的知识。

教学难点：发现并学会判断平年和闰年的方法。

教具、学具准备：自制多媒体课件，2001年到2008年的年历表。

教学过程：

课前欣赏音乐。

师：同学们，让我们共同欣赏一首熟悉的歌曲，会的同学可以跟着一起唱，好吗？（播放《生日歌》）

师：说一说自己是哪年、哪月、哪日出生的。（板书：年月日）

师：刚才同学们说了自己的出生日期，小华也想问个与生日有关的问题。下面我们一起观看一个有关生日的小故事，好吗？（播放）——小华爸爸36岁为什么只过了9次生日？这是怎么一回事呢？让我们带着这个疑问一起走进神秘的数学课堂吧。我相信通过这节课的研究，你们就会明白其中的奥秘！

（课前运用《生日歌》导入，使学生觉得很亲切，感受到数学就在我们的身边，掌握好了数学知识还能帮我们做很多事。如此导入不但激发了学生的学习热情，还体现出了新课程、新理念：数学无处不在，数学就在我们的身边。）

一、直接揭题，了解起点

师：我们已经认识了哪些时间单位？

生：时、分、秒。

师：今天我们继续来学习时间单位年、月、日。关于年、月、日，你已经知道了哪些知识？

生1：一年有12个月。

生2：一年有365天。

生3：一个月有30天。（另外有学生马上就反驳：一个月有31天、28天、29天。）

生4：半年有6个月。

师：大家知道这么多有关年、月、日的知识，那是不是都像我们刚才说的这样呢？年、月、日还有哪些奥秘呢？这节课我们就一起来研究。

（学习是学生的经验体系在一定环境中自内而外的扩充，它必须以学习者的已有知识经验为基础来实现知识的建构。教学不能无视学习者的已有知识经验，简单强硬地从外部向学习者实施知识的填灌，而是应当以学习者原有的知识经验为知识的生长点，引导学习者从原有的知识经验中生长新的知识经验。）

二、小组合作，观察探索

（1）研究资料，提出问题。

师：以小组为单位观察年历卡，你能发现什么？能提出哪些问题？学生拿出课前准备好的年历卡（时间为2001年到2008年，每个小组出示一张不同年份的年历卡），教师介绍年历卡：醒目的大字，表示的是年份。年份下面的每一小块表示的是这一年中的每一个月。每个月中，记载着这一个月的每一天。

学生4人一组，共同合作，认真观察年历卡，然后完成题纸上的"想想做做"（见表7-1）。

表7-1 想想做做

观察的年份												
月份	1	2	3	4	5	6	7	8	9	10	11	12
天数												
我们发现												

（2）小组汇报，整理信息。

师：把你们的发现和大家一起交流一下。（学生以小组为单位进行汇报。）

生1：我们组发现了2001年的年历表的几个特点：①1月、3月、5月、7月、8月、10月、12月都是31天；②4月、6月、9月、11月都是30天。③2月很特殊，是28天。

生2：我们组前两个发现和他们组一样。第三个发现不同，我们组的2月也很特殊，是29天。（指2004年）

师：其他组有没有不同意见？

生：没有。

师：那么也就是说从2001—2008年每一年的1月、3月、5月、7月、8月、10月、12月都是31天，每组都一样；4月、6月、9月、11月都是30天，每组也一样。只有2月很特殊，有28天，也有29天。

师：观察课前收集的年历卡，你又有什么发现？现在你能得出什么结论？

生：每年的1月、3月、5月、7月、8月、10月、12月都是31天；4月、6月、9月、11月都是30天；2月有28天，也有29天。（师板书）

师：人们习惯上把每月都是31天的月叫作大月，每月有30天的月叫作小月。（板书：大月、小月）

师：2月是大月还是小月？

生1：2月既不是大月也不是小月。

生2：2月只有28天或29天。

师：2月是一个特殊月份，我们把2月是28天的这一年叫作平年，把2月是29天的这一年叫作闰年。

（现代教学的主流精神是体现"以人为本"的思想，教学中要以学生的发展为立足点，采用"问题探究"教学法，让学生主动参与到学习中来，充分体现数学课程标准中"变注重知识获得的结果为注重知识获得的过程"的教育理念。探究性活动是一种创造性活动，通过对话与交往，可以重建人道的、和谐的、民主的、平等的师生关系，培养学生的课堂参与意识。）

（3）巧设质疑，协作解密。

师：请说说你们组的年份是闰年还是平年？（出示年份2001—2008）

师：我们刚才是根据什么来判断一个年份是闰年还是平年的？

生：2月的天数。

师：那是不是以后看一个年份是闰年还是平年，都要找到这一年的2月的天数再判断呢？我们做个游戏，无论你们说出哪一个公历年份，老师不用看2月的天数都可以很快地判定它是不是闰年，要不要试试？

生：1996年、2006年、2012年……（教师立即判定出是平年还是闰年，并借助计算机上的日期程序验证，学生服气，并产生了很大的好奇心。）

师：你们想知道老师是如何判定一个公历年份是不是闰年的？请同学们仔细观察。（课件出示课前收集整理的2月天数记载表）你们能发现什么规律？

小组探讨、汇报交流。

生1：我发现3个平年后就有一个闰年，再3个平年又一个闰年。

生2：我发现4年中有一个闰年。

生3：闰年年份可以整除4，而平年年份不能整除4。

教师带领全班学生推断出下几个闰年。

师：那2036年是不是闰年？

生1：是。因为2020加4加4地算，再加4个4就是2036年。

生2：2036除以4没有余数，所以是闰年。

师：你的意思是用年份数除以4，能整除没有余数的就是闰年。如果有余数呢？

生3：我有不同的方法，36÷4=9，所以2036年是闰年。

师：你的意思就是说用一个年份的后两位数除以4，能整除没有余数的就是闰年，反之不能整除有余数的就是平年。是吗？（生点头）

师：刚才这两名同学的发现到底对不对呢？我们一起来验证。（12个小组每一个小组计算一个年份）

（验证后）师：看来这是个好办法，那我们就用刚才的方法判断平年和闰年。

判断下面几个年份，哪些是平年，哪些是闰年。

1949年（中华人民共和国成立）（平年）

1997年（香港回归祖国）（平年）

2008年（第29届夏季奥运会）（闰年）

（波利亚指出：学习任何知识的最佳途径是自己去发现。因为这种发现理解得最深，也最容易掌握其中的内在规律、性质和联系。每个学生都有自己的生活经验和知识基础，对同一个问题，每个学生都会有各自不同的思维方式，他们的自主建构是任何人包括教师都无法替代的。只有让学生经历了知识的产生过程，他们对知识的理解才是深刻和有效的。)

师：平年、闰年是怎么确定的呢？为什么要4年一闰呢？你们知道吗？

(学生自由发言、大胆猜想。)

师：你们的猜想对不对呢？让我们一起来观看一个知识短片，揭示这个奥秘吧！(课件展示天体运动规律，并配音。)

配音：我们居住的地球总是绕着太阳转的，地球绕太阳转一圈需要365天5小时48分46秒。为了方便，就把一年定为365天，叫作平年。这样每4年就少算了4个5小时48分46秒，如果把"5小时48分46秒"当作"6小时"来计算就少了一天，把这一天加在2月里，这一年就有366天，叫作闰年。这样每4年就有3个平年一个闰年了。4年一闰又多算了44分56秒。照这样算，每100年就多算了18小时43分20秒，又将近一天，所以到公元整百年这一年不算闰年，以抵消多算的时间，这种计算方法称为"百年不闰"。但按百年不闰计算，每100年又少算了5小时16分40秒，这样每400年又少算了21小时6分40秒，差不多是一天。所以，到公元年份是400的倍数时这一年又是闰年，称为"四百年又闰"。因此公历是整百数的，必须是400的倍数才是闰年。如2100年，它是整百年份，所以要除以400，2100÷400=5……100，所以2100年是平年。

生1：从这个知识短片中我们知道了，"每4年有一个闰年"。要判定一个公历年份是不是闰年，就看这个公历年份是不是4的倍数，也就是用这个公历年份除以4，没有余数的就定为闰年。

生2：但这只是一般情况，还有一种特殊的，就是"遇到整百年时,就要以400的倍数为闰年",也就是用这个整百年的公历年份除以400,没有余数就是闰年。

(教学过程中的适当探究可以把猜想与验证结合起来,并尽可能把学习者引导到一个富有想象力的学习环境中。教学中利用多媒体信息技术辅助教学,通过设疑激趣的直观演示,引导学生自主探索,让学生全面地参与到每个教学环节中,把枯燥的数学知识以生动形象的形式展现出来,更是让数学教学生活化、趣味化,让学生更乐于学习。)

(4)深化新知,愉快记忆。

熟记大小月。

教师提问:月有大小月。我们有什么好办法能很快记住哪些月是大月,哪些月是小月?

生1:我发现了7月以前的大月是单数,7月以后的大月是双数。

生2:我这样记,小月只有4个月,4月、6月、9月、11月,2月不用记,记住了这4个小月,其余就是大月。

生3:我会用拳头法来记,是妈妈教我的。(请这个学生介绍拳头法。)

(大月、小月的知识是年、月、日中重要的内容,这部分知识的学习采用主动探究、小组合作形式,让学生先从自己这个小组中发现规律,然后再进行全班交流,便于学生从不同的年份中发现规律。基本的知识点尽量由学生归纳发现,这就将主动权真正交给学生,让学生在与同伴的交流中不断构建知识体系,得到提升。)

学生讨论交流,在学生说出自己的方法的基础上,教师引导学生看书自学课本上的方法。

计算全年天数。

师：刚才我们已经知道了一年中每个月的天数，你能计算一下一年的天数吗？

（全体学生练习后进行交流。）

生1：我算出全年有365天或366天。我的方法是：

7×31=217天

4×30=120天

217+120+28=365天

217+120+29=366天

生2：我的结果和他的一样，但我的方法不一样。31×12－4－3=365天，31×12－4－2=366天。

（全班同学都不由自主地鼓掌。）

明确全年天数：平年365天，闰年366天。

三、应用、拓展新知

（1）填空。

一年有（　）个月，31天的月有（　），30天的月有（　）。

平年的2月有（　）天，闰年的2月有（　）天。

今年的1月、2月一共有（　）天。

去年的2月有（　）天，去年全年共有（　）天。

（2）判断。

每年都是366天。（　）

2008年是闰年。（　）

一年里有连续3个月是大月。（　）

4月份有4个星期零2天。（　）

（3）反馈：小华爸爸36岁为什么只过了9次生日？

（4）应用拓展。

小玉在外婆家住了62天，正好是两个月，你知道是哪两个月吗？如果住了61天，也是两个月，是哪两个月呢？

四、课堂小结、升华认识

师：这节课你知道了些什么，有哪些收获？（教育学生珍惜时间，激励学生更好地学习数学知识。）

（1）交流：这节课你有什么收获？

（2）总结：结合学生的回答，总结、梳理本课的知识，结束全课。

（让学生通过对本节课知识的梳理，培养他们的自信心和良好的学习心理。）

板书设计：

```
                         平年 365 天
            ┌─────────────────────────────────────────┐
            │ 大月：1月、3月、5月、7月、8月、10月、12月，每月31天
  1年12月   │ 小月：4月、6月、9月、11月，每月30天
            │ 2月：平年28天，闰年29天
            └─────────────────────────────────────────┘
                         闰年 366 天
```

教学反思：

本堂课我以学生的发展为立足点，采用"问题探究"教学法进行探究式教学，并结合多媒体辅助教学，引导学生动手操作、自主探究，充分调动学生学习的积极性，培养学生自主学习、解决实际问题的能力。通过本堂课的教学，我更深刻地感受到课堂教学应当以探究为切入点来组织教学活动，让学生从感知到认

知，然后积极思考获取知识。教师在教学过程中要对学生加以引导，学生主动积极地参与才能把知识转变成能力。教学中在拓展课本知识的同时，更应该关注学科之间的整合。

一、了解起点，在原有基础上探索

学生的学习不是简单的信息积累，是新旧知识、经验的相互作用及由此而引发的认知结构的重组。也就是说，学习是学生的经验体系在一定环境中自内而外的生长，它必须以学习者的已有知识经验为基础来实现知识的建构。教学不能无视学习者的已有知识经验，不能简单强硬地从外部向学习者实施知识的填灌，而是应当以学习者原有的知识经验为知识的生长点，引导学习者从原有的知识经验中，生长新的知识经验。年、月、日的知识学生不是一无所知，他们在平时的生活和学习中已经接触过这些知识，所以课一开始我就先让学生说说"你已经了解了年月日的哪些知识"，以了解学生的学习起点。另一方面，年、月、日的知识是建立在时、分、秒知识的基础上的。我通过问"我们已经学习了哪些时间单位？今天我们继续学习时间单位年、月、日；学习时、分、秒的知识，我们借助了时钟，学习年、月、日的知识要借助什么呢？"，引导学生把时、分、秒和年、月、日放在同一个知识框架中。一则使学生明白它们都是表示时间的单位名称，二则渗透学习方法的迁移。

二、鼓励探索，在获取新知中发展

荷兰著名数学教育家弗赖登塔尔强调：学习数学的唯一正确方法是实现"再创造"，也就是由学生本人把要学的东西发现或再创造出来。因此，在教学中，我充分让学生主动探索知识，引导学生通过合作、讨论，自主得出结论。

我首先从改变学生的学习方式入手,来改变自身的教学行为。教法的选择不再只是为呈现现成的知识,而是为学生创设主动探索知识的情境。在教学过程中,我为学生准备了2001年至2008年这8年的日历,让学生4人一小组,通过观察日历,填出每一月的天数,先以小组为单位进行交流,然后进行全班交流。这样,促进学生互相交流、互相启发、主动构建新的认知结构,让不同的学生得到不同的发展。引导学生在交流中积极表现,大胆发表自己的观察所得,交流自己对知识的理解,得出一年中每个月的天数的规律,分享着交流知识的乐趣。

三、充分体验,在感悟探索中提升

"感"就是感知的过程,就是感受、观察、实践的过程;"悟"就是了解、领会、理解、觉悟的过程;感悟表现为探索、试验、猜测、直觉、思考、渐悟、顿悟、创新等方面。"感悟学习"的认知过程和心理历程离不开主体参与的各项数学活动。活动生"感",反思得"悟";没有亲历其境的"感",就不会有永生难忘的"悟";"感"得越深刻,"悟"得越透彻。在闰年和平年的教学中我也充分利用了2001年至2008年这8年的日历材料和计算机日期程序软件,让学生自己观察,探索规律,发现每4年中有1个闰年的规律,接着让学生通过计算找出判断平年和闰年的方法,很好地体现了以学生为主体、以教师为主导的教学原则,培养了学生观察、分析和判断推理的能力,使教学难点迎刃而解。最后让学生分组进行验证。这样,让学生通过观察—分析—假设—验证的学习过程来发现知识、感悟方法,促使学生学会学习,让学生在亲身经历大量感性材料中感悟到数学知识的产生,真正建构起充满生命力的数学知识,体验数学学习的无穷乐趣。

四、交流合作，在反思探索中得到发展

我们的课堂教学，必须加强对学生合作意识的培养。要及时组织学生进行讨论、交流（可以是小组交流，也可以是全班交流），让他们表达自己的见解，促使他们在互相交流中，不断反思自己的思维过程，吸取他人长处，弥补自己的不足，从而实现自主探索学习。在本课中我设计了学生自己计算全年有多少天的问题，问题一提出，学生有的自己探索，也有的和同伴进行交流，这便给学生提供了主动发展的时间和空间。全班开始了积极探索，一种生动活泼的学习形式油然而生，全班同学焕发出极大的创造激情，自由地、主动地投身于数学活动中。汇报交流时，有学生计算出全年365天，有学生计算出全年有366天，也有学生说如果2月份是28天的话，那这一年就有365天，如果2月份有29天的话，全年就有366天。通过以上的讨论、交流，他们懂得考虑问题要全面，达到互相交流共同进步之目的。这样的设计吸引了全体学生参与探索，课堂生动活泼，沉闷的气氛被打破，自主、审美、创新的气氛在课堂弥漫……

（由北京市密云区东邵渠中心小学刘海青老师撰写）

这是一份完整的数学课的教学课例，刘老师不仅准确地记录了教学的全过程，而且对于教学过程中为什么采用这样的设计，还做了理性的反思。通过反思，刘老师更加清晰地认识到只有"以学生的发展为出发点"，采用"问题探究式"的教学方法，根据学生的已有经验，逐步展开教学，让学生在教学过程中进行充分的合作、交流与讨论，才能使学生获得真正的发展。这样的教学课例不仅有助于教师提高自己的专业水平，而且对于其他同行来说，也是非常具有借鉴意义的。

第二节 教育案例

一、何谓教育案例

教育案例与教学课例存在着某些方面的一致性，比如，都是研究某一特殊的教育教学场景，都需要教师对教育教学过程进行反思。不同的是，教学课例是以一个课堂为研究对象，关注某一节课或者某一节课的一个片段；而教育案例是以教学中的具体事例为研究对象，这个具体事例可能会超越课堂范围。所以，教育案例，就是含有问题或疑难情境在内的真实发生的典型性教育事件。

教育案例来源于教师所遇到的特定教育事件，以及教师在处理这一事件过程中所采取的措施，并对这些措施的效果及时进行反思和总结，因而其表达形式为"故事背景+问题+策略选择+反思"。简单一句话，教育案例是教师自己讲述自己的教育故事。

二、教育案例的价值

1. 教育案例是教育问题的源泉

研究起源于问题。教师研究的问题不是高深的理论问题，而是与实践中的具体场景紧密联系在一起的教育问题，这些问题并不是抽象存在的,而是存在于一个个鲜活的案例中,充满了个性和特殊性。比如,每一个学生的成长经历、每一次教育事件处理的过程都不可能完全一样,因而,教师研究的对象总是一些特殊的、具体的个案。即使教师在面对相同的教育情境、遇到相同的教育事件时,由于发生在不同的教育对象身上,处理的手段和方法也不能完全沿袭过去的经验,都需要教师很好地加以研究。从这个角度来讲,正是这些特殊的案例给教师提供了丰富的问题源泉。

2. 教育案例是教师教育研究发生的起点

"教师研究从哪里开始",一直是困扰中小学教师的一个重要问题。教师每天所面临的是几十个,甚至几百个不同个性的生动活泼的个体,每天的课堂都会遇到不同的问题,而教育的智慧就表现在对这些千差万别的个体和稍纵即逝的教育现象的把握。因此,教师的研究也就是在具体的教育教学情境中,针对每一个特定的个体和特殊的事件而展开的。

3. 教育案例是沟通教育理论与实践的桥梁

长期以来,教师在教育教学过程中感到最痛苦和最大的问题是那些在书本中学到的理论知识无法与实践对应起来。理论与实践是两张皮,我们通过观察,得到的情况是教师学习了很多最新的观念和理论,但是教学实践却并无多少变化,其根本原因是缺乏把理论转化为实践的中介。如果教师能够结合教育中的案例进行具体分析,深入挖掘每一个教育案例背后所蕴含的教育理念和方法,那么,这种理论与实践割裂的现象可能就会有不少改观。

众所周知,心理学上有一个著名的关于需要的理论,即马斯洛的需要层次理论。马斯洛认为，人的需要分为五个层次，从下往上依次是生理需要、安全需要、归属和爱的需要、尊重的需要、自我实现的需要。这个理论对于教师认识学生和激励学生是很有启发的。但教师如果不加分析，生搬硬套地把它拿到教学中来，它的作用同样得不到很好发挥，因为每个人的情况不一样，需要的层次也不一样。所以，教师在应用需要层次理论来解决学生学习动力问题时，就需要从每个具体的个体入手，找出决定其学习动力的关键因素，然后针对需要，采取不同的激励方法，这样才能很好地将理论与实践联系起来。所以，案例研究是沟通理论与实践的桥梁。

4. 教育案例是教师专业成长的阶梯

教师被当作专业技术人员来看待，时间并不长，大概就是从20世纪后半期开始，特别是在我国，对教师职业的专业性至今仍存在不少争论。主要原因就是长期以来我们对教师职业的专业性缺乏明确的认识，"学者即良师"的观念根深蒂固。所以，过去教师的从业"门槛"相对于其他行业来说要低得多，我们经常会看到一些并没有受过专业训练的人员登上讲台，"传经布道，解惑答疑"。而一旦走上讲台，可能终身都不再学习，更谈不上专业发展。

因此，如何体现教师专业特性，如何实现教师专业成长就成为当前教师专业发展迫切需要解决的问题。由于教师的主要任务是引导和促进学生的发展，教师的教育理念也好，教学方式方法也好，都是为学生发展服务的，所以，教师的专业特性和专业水平全部体现在教师对学生的教育，以及对教学事件的处理过程中。教师只有在面对这些鲜活的个体和一个个复杂的教学情境中，才能认识到自己的不足，认识到教学过程中的难点和重点，并努力寻找解决的途径。也只有通过这些案例才能真实地记载教师教学的经历和专业成长的历程。

正因为案例具有如此重要的价值，所以，顾泠沅先生才会感叹：一个精彩的案例不亚于一项教学理论的研究，而且只有教师自己才最适合于做这种研究，当然专业研究人员的参与不可或缺。中国的教师数量是世界上最多的，我们的教改实践具有长期积累的经验，我们应当有自己最丰富的、富有时代气息和民族特点的案例宝库。

三、案例从哪里来

尽管教学中不乏精彩的教学故事，但要整理出一个完整的教育案例仍然需要教师对自己的教育过程进行理性的反思和总结。

1. 从教学预设与教学效果的反差中发现案例

教师对教学的期待与实际结果之间总是存在着一定的距离，特别是课程改革中提出了许多新的教育理念和新的课堂教学目标，如不仅要让学生掌握基本的知识和能力，了解知识生成的过程，掌握探究知识的方法，而且还要培养学生的情感、态度和价值观。这样，教学预设的要求相比以前来说就要高得多了。这些新的观念和思想为广大中小学教师构建了一个非常富有挑战性的教学环境。与传统的教学相比，现在的教学对教师的工作要求细致多了，教师教学不能只凭自己的兴趣和经验而不考虑学生的兴趣和需要。因此，在很多情况下，教师在教学之前对教学所做的预设往往与实际的教学效果之间存在一定的反差，这就为教育案例提供了丰富的素材。

2. 在两种教学思路或方法的比较中发现案例

不同的教学方法有不同的教学效果，且对使用方法的教师也有不同的技术手段和能力要求，但每一种方法也都有自身的局限性，所谓"教无定法，贵在得法"。这个"得"不仅意味着方法与材料之间的契合性，而且也意味着方法与教师本人的契合性。教师尝试在同样或类似的教学材料中运用不同的方法，观察这些方法所产生的效果，比较它们之间的差异和优缺点，为今后的教学和同行们提供参考，这本身就是一个很好的教育案例。

3. 从对某个教学片段的反思中发现案例

教学的每个过程都需要一定的技能和技巧，这也是教学作为专业的一个重要表现。选取特定的教学片段进行反思和总结就可以形成一个很好的教育案例。比如，教师进入课堂后的头5分钟时间，往往是引导学生注意力集中的关键时刻，教师采用什么样的技巧让学生的注意力迅速从课余休息的分散状态转移到课堂中来，教师应该有意识地进行观察和研究，将所采取的不同方式和方法，以及学生的反映，特别是把对典型事件的处理记载下来，然后拿出来与同行一起讨论和研究，这本身就是一个非常好的教育案例。

4. 从偶发或特殊事件的处理中发现案例

教学过程充满了不确定性和不可预见性，偶发事件是教学的一种常态，而每一次偶发事件的处理都需要教师特殊的智慧和技能。比如，课堂中的一个顽劣而不参与学习的学生如何通过转化有了明显的改变；原来作业总爱拖拉的学生如何改掉了坏毛病；两个学生最终如何化解了冲突；学校的一次安全事故是怎么发生的，怎么被平息下来的；等等。这些教学中的偶发事件都是极好的教育案例。

5. 从对教学细节的关注中发现案例

在管理学和企业界流行的一句话，叫"细节造就专业，细节决定成败"。对于教学而言同样如此。许多优秀教师或特级教师的成长经历告诉我们：关注教学细节是决定教学成败的关键，也是教师专业水平不断提高的必由之路。每一个看似平常和简单的教学细节都蕴含着深刻的教育哲学和丰富的教学智慧。

一次，笔者在一所学校听课。临近下课时，教师开始提问学生，因为时间比较紧，学生基本没有多少时间思考，所以，回答过程中答非所问的现象就比较多。教师为了照顾多数，一旦有学生回答不上来，或者偏离主题，就立即叫下一个，甚至来不及让他们坐下去，结果有五六个学生一直站到下课。其实，教师也并非有意识地要惩罚学生，而是为了赶时间。下课的时候，我发现那几个学生都比较沮丧，其中有一个女生好像还流了眼泪。我想他们可能心里都比较难受，于是，就把他们叫到一起，索性来个现场访谈，让他们谈谈在课堂上站着的感受。果然不出意料，几乎所有的学生都说当时感到十分难受，觉得很没有面子，根本无心听课，只希望尽快听到下课的铃声。在评课的时候，我把这件事情告诉了上课的那位教师，让他尽快找那几个学生谈谈。

实际上，这种小的细节在课堂上随处可见，但往往就是这些小的细节决定了教师的专业水平，决定了教学的效果，甚至说得严重点，有时会决定一个学生一生的发展。因此，从教学细节中寻找的教育案例都是非常精彩和实在的，对教师提高专业水平有着非常重要的价值。

四、什么样的案例才是一个好的教育案例

教师要写出一个好的案例,首先应该清楚什么样的案例才是好案例。一个好案例主要有以下几个方面的特点。

一是故事性。案例要情节完整,人物要鲜活,内在冲突比较显著。

二是代表性。从日常教学现象中选择和概括出来的教育案例,一定要具有代表性,主题要十分突出,每一个案例最好只反映一个主题,比如,逃学的案例、总爱挑衅别人的案例、不爱与别人合作的案例等。

三是情境性。虽然教育案例要具有故事性,但并不意味着教育案例可以虚构,教育案例一定要真实、具体,要能够充分再现当时的教学情境,充分反映情境中人物的性格特征,并对故事发生的场所、时间、涉及的相关人物都有准确、细致的描述。尤其要注意案例的时间性,一般来说,越是最近发生的案例,越具有研究、讨论和示范的价值,时间比较久远的案例,其研究和教育的意义与价值相对来讲会比较小。

四是具有移情作用。教育案例的重要作用和价值就在于它的教育性,因此,一个好的教育案例不仅对于当事人有教育意义,而且在今后当教师遇到同样的场景、同样的问题时,还可以从此案例中找到有益的启示。也就是说从案例中概括出来的一些经验应该可以应用到类似的场景中,这样可以帮助教师积累经验,以后在遇到类似问题时能够很快地找到解决方案。

五是要用第一手资料。案例编写的材料应该全部来源于教学实践,应是当事人的亲身经历,而不是从其他渠道获取的二手资料。只有用第一手资料,才能保证案例的真实性。所以,在撰写教育案例

时,最好使用"第一人称"。

六是要有反思。教育案例要体现教师本人在遇到特殊问题时的思考,以及由此而提出的解决办法和对所采取的策略的评价。

七是要反映教师工作的复杂性和创造性。教育案例中反映的问题是教师在教学过程中所遇到的具有代表性的,并且相对比较棘手的问题。这些问题一般没有现成的参考答案,基本取决于教师的个人智慧,需要教师在复杂的教学情境中创造性地运用自己的知识和能力来解决。教育案例的编写应该能够很好地体现这种复杂性和创造性,充分反映教学过程中的人物冲突和教师的处理方式。

五、撰写教育案例的基本程序

教育案例的撰写并没有统一的格式,写法在很大程度上取决于教师个人的写作风格。但一般来说,一个完整的教育案例基本上包括以下几个部分。

1. 标题

标题的确定有多种方法,有根据事件来确定的,如"哄堂大笑以后""'闷葫芦'说话了";有根据主题定标题的,如"学生给了我启示""他是这样分组教学的";也有根据场景来定标题的,如"在学校池塘边上的一堂生物课";等等。无论是哪种方法,标题都要简洁,要突出主题,要有一定的吸引力。

2. 引言

引言是案例的开场白,主要是介绍一下教育事件或案例涉及的一些关键人物的背景,让读者对教育案例的主题有一个大致的了解,为后来的故事做好铺垫。引言虽然不长，但对读者的理解以及后来的叙事是十分有帮助的。精彩的引言能够一下子激起读者阅读的欲望。

3. 背景

教育事件都是在一定的时空环境下发生的。因此，案例写作过程中，作者应该将教育事件所发生的特定的时空及人物特征交代清楚，叙述既要充分又要抓住要点，要使背景叙述与教育事件紧密联系起来。在案例写作中，背景的描述比较容易被忽视，许多教师总是喜欢把关注的焦点和大量的笔墨花到教育事件发生的过程中，实际上，如果没有给读者提供一个完整的背景，后面的冲突以及教师在解决冲突过程中所采取的策略都无法让人真正理解，从而直接影响到教育案例的价值。所以，把背景写清楚、写透彻对于教育案例来说是非常重要的。

4. 冲突的出现

如果把教育案例看成一个故事的话，那么冲突的出现就是高潮环节。从一定意义上说，案例就是为冲突而写，没有冲突，或者冲突不明显、不具有代表性，教育案例的价值都是要大打折扣的。所以，在冲突部分，作者要将冲突产生的原因、冲突的发展、在场人物的行为、冲突的结局都要尽量详细地进行描述，把读者带入一个真实的教学场景，让人产生身临其境的感觉。

5. 冲突的化解

从作者的角度来讲，冲突的化解往往体现了教师本人对教育和教学的理解，以及置身于问题情境中的技巧与智慧。而从读者的角度来讲,他们可能会更加关注教师化解冲突的策略。因为,就教学冲突本身而言,并无多少新鲜和特殊性,所以,他们希望看到在面临同样的问题时,他人的"高明"在何处。教师在写作这一部分的过程中,要详细清晰地阐述自己对冲突的理解、所采取的具体措施和效果,特别是前后策略变化的过程与原因要充分展开叙述。

6. 反思与讨论

作为教师行动研究成果的重要表现形式,教育案例应该体现教师本人对于教育事件的认识,以及对自己在教学过程中所采取的措施的反思,对于成功的地方或者是有待改进的地方要提出来与他人一起探讨。

7. 附录

对于一些比较重要的材料,若放在正文中,会使正文显得冗长或者冲淡主题,所以可以以附录的形式放在后面,如一些学生对冲突的态度和看法,对教师处理冲突发生关键作用的一些理论和具体事例等,这些都是理解案例必不可少的材料,对正文起到补充说明的作用。

当然,教育案例的写作并非一定要遵照上面的格式,教师可以根据教育事件的实际情况进行适当调整,也可以把有些部分融合到一起,特别是反思环节,既可以独立,也可以放在冲突解决的过程中。

[案例]

"特色章"不是优等生的专利

(引言)去年以来,我校结合特色中队创建活动,推出了学生评价激励制度,创设了新的"争章"体系,采用分级"争章"

的方法。主要包含中队章（含特色中队章、绿叶章、红花章）和校级章（含铜级院士、银级院士、金级院士）两个级别。这套学生激励制度的最大好处就在于与我们学校的办学思想、中队的实际工作和学生的兴趣相结合，具有可操作性。新的"争章"体系实施以来，学生的生活和学习习惯有了极大的变化。

（背景）张某是六年级二班的一个比较特殊的学生，她父母离异后各自再婚，父亲在菜市场卖菜。张某跟着继母一起生活，继母对她也没有好好照顾，家里连个学习的地方也没有，加上张某自己懒惰，作业时常不能及时完成。由于缺乏照顾、搞不好个人卫生，张某身上常散发出一股臭味。再加上她爱打小报告，同学们都不太喜欢她。所以，她与同班同学之间没有正常的交往，时常找低年级或其他班级的同学玩，并且把自己扮成老大。但是她很聪明、单纯，乐意接受并认真完成老师交给她的任务，也常常刻意地去做一些事情，希望引起老师对她的注意。虽然她平时学习不是很认真，但考试成绩也过得去。

（冲突或问题产生）某个周一下午第一节课，我在六年级上道德与法治课。上课已经好几分钟了，学生张某才匆匆忙忙、满头大汗地推开教室的门，神情充满恐惧，直愣愣地看着我，等着我对她的批评。好几个学生添油加醋地打起小报告："老师，她又迟到了，她是故意的，她经常这样。"大家好像也在等着我批评她。

如何处理张某迟到的问题呢？如果不表态就让她进去，她可能会想：这老师上课迟到没关系，不会骂我的。以后她可能还会出现迟到的现象。其他同学可能也会想：老师是否对她偏爱？或者想：以后我也可以迟到了，反正也没有关系。如果对她进行严厉地批评,她可能会想:我迟到了,你批评了我,我们之间已经两清了,以后谁也不欠谁了。其他同学可能是幸灾乐祸地看一场热闹。

(冲突或问题的解决)其实,张某不管对我还是对道德与法治课的态度都是非常认真的。有一次,班级要在种植园里种竹子,那个星期六,她带了几个同学到后山挖竹子;有一次我们做竹艺活动,只有她记得把快板带过来;我经常看到她为英语老师提录音机……。想到这些,想到其他同学的态度,我不但没有批评她,反而当着其他同学的面开始表扬起她来,细数她做的每一件事情。其他同学哑口无言,而这时张某的脸上也露出了一丝笑容。我知道最佳的教育时机到了,于是,我说:"这么一个能干的朋友,我们还有什么理由不发给她中队章呢?我们富有爱心的翠竹幽幽队员怎么会把她遗忘呢?"

"老师,我们认为应该给她发一个中队章,一是让她记住同学们相信她以后不会迟到了,二是对她过去所做的表示肯定,我们还希望她能做得更好,我们相信她!"班长站起来说。

"对,我们相信她!"

"发一个中队章!"

……

同学们纷纷表达了自己的观点,这时只见张某走上台,说:"谢谢你们,我以后不迟到了,我会认真的,我会努力的。"我看到她的眼睛湿润了,不过她强忍着不让泪水流下来。我想,这时她是激动的,她的心灵正体验着从未有过的震撼。

此时,最开心的就是我了,一个中队章不仅教育了一名学生,还影响了其他55名学生,使他们懂得在学习生活中要善于发现别人的闪光点。

从那以后,我再没见过张某迟到,她对学习的兴趣似乎也越来越浓厚了。尤其不久后一次到山区体验,她不慎手臂受伤,我经常关心她,发现她在悄悄地改变,现在她上了初中,还是经常回来向我"汇报"她得了××奖或干了什么等。

(反思)这件事以后,我进一步体会到了学校的"特色章"激励制度所提倡和注重的是学生的学习过程,它在教学活动中是提高学生学习积极性的手段,它不是优等生或某一部分人的专利,它要成为全体学生的"最爱"。教师在发中队章或绿叶章的时候,应该平等地去对待每一名学生,对学生不要戴有色眼镜。我们应该关注全体学生、了解他们、帮助他们。

每个学生都是有差异的,每个学生的身上都是有闪光点的,教师要能够及时发现他们身上的闪光点,并给予表扬、肯定,培养学生的自信心,让他们感受到自己在别人心里的重要位置。

教师要讲究教育的方法。正面教育、适度表扬有时比批评的效果要好得多,同时,教育要抓住最佳时机,有时利用突发事件对学生进行及时有效的教育,从远处着眼,从小处着手,力求达到最佳效果。

(由浙江省温州市永嘉县瓯北镇第四小学缪星火校长撰写)

第三节 教育叙事

教育叙事研究就是研究者以叙事或者讲故事的方式记录自己在教育教学中发生的各种真实鲜活的教育事件和发人深省的动人故事,通过自己在实践中的亲身经历、内心体验来表达自己对教育的理解和感悟。它通常不直接定义教育是什么,也不直接规定应该怎么做,而是通过一个个故事,来展示研究者在教育过程中的经历和他在故事中的所思所想,从而让读者从故事中理解教育是什么、应该怎么做。教育叙事研究实质上是研究者在研究过程中的个体体验,是研究者个人通过故事言说的方式来实现自己对教育意义的建构。

叙事研究是近些年在教育研究领域兴起的一种新的研究方法。这种方法的应用表征了教育研究日益从神圣的殿堂走向教育实践和教育生活,换句话说,就是教育研究日益走向大众化。

实际上,叙事研究在社会科学领域并不是什么新鲜的事情,它很早就是文学理论研究的一种常用方法。研究者用叙事的方式阐述自己对文学作品中的人物和事件的理解,后来逐渐被引用到其他社会科学研究领域,为社会科学研究带来了新的活力。在日常生活中,人们更是被叙事所包围着,大多数情况下人们都是通过叙事的方式进行沟通、交流,了解世界。可以说,叙事是人们获得知识、了解世界的一种主要方式。

一、教育叙事研究的特征

叙事研究是以质的研究为方法论基础,用陈向明教授的话说,"质的研究就是以研究者本人作为研究工具,在自然情境下采用多种资料收集方法对社会现象进行整体性探究,使用归纳法分析资料和形成理论,通过与研究对象互动对其行为和意义建构获得解释性理解的一种活动"[①]。据此,我们可以将教育叙事研究的基本特征概括如下。

1. 从事叙事研究的教师本人既是研究的客体,也是研究的主体

在叙事研究中,研究者本人是研究的工具,因为他(她)长期体验教育教学的实际生活,在与学生的直接互动与交往中,发生了各种生活故事和教育教学事件。对这些事件,教师们通过观察、分析、反思,获得一些见解或解释性的意见。叙事研究把教师的经验置于中心地位,教师在对经验的反思中不断形成对教育意义、自身存在价值的认识,从而改善日常教育实践,获得内在发展。这就是行动者自身作为主体并直接介入其中的行动研究。[②]

2. 教育叙事研究是一种真实性和情境性的研究

叙事研究重在"叙说",叙说者的故事一定是他本人在教育教学实践中的亲身经历,从校园和课堂生活出发,从真实教育事实出发,从自然教育情境出发进行研究,而不是从别人的经历中编制故事情节,因而叙事研究的显著特征在于其真实性。它是教师在教育活动中对实事、实情、实境和实际过程所做的记录、观察和探究,从而获得

---

① 陈向明. 质的研究方法与社会科学研究[M]. 北京:教育科学出版社,2000:228.
② 荣曼生. 教育叙事研究:教师专业发展新路径[J]. 湘潭大学学报(哲学社会科学版),2008 (2):159-161.

对事实或事件的解释性意见。尽管叙述中为了表达的需要，有时可能会增加一些文学性的成分，但这绝不是叙事研究追求的目的，叙事语言和情节都必须服务于真实性的需要，要能够再现故事发生的真实场景和冲突，要用第一手材料来记述故事发生的过程。所以也有人把叙事研究看成一种"扎根研究"。

3. 教育叙事研究是一种反思研究

教育叙事研究虽然十分强调情境性、真实性和故事性，但叙事的最终目的是希望从教育事件中发现教育问题，并思考教育事件背后所隐含的教育意义，以便为自己和他人今后的教学提供更多的参考。因而，教育叙事研究不是简单地停留在"叙事"上，而是希望通过叙事来表达研究者本人对教育的理解，其反思性是不言自明的。也就是说叙事研究的落脚点在"研究"上，叙事是手段而不是目的。这也是作为一种研究形态的"叙事"与文学的"叙事"根本不同的地方。

二、教育叙事研究对于教育的意义

从叙事研究的特征来看，它对教育的意义是非常明显的。第一，由于叙事研究的素材都来源于教师日常教育生活，教师用第一手材料记述教育事件发生的始末及其在问题情境中所表现出来的智慧，因而叙事研究较好地记录了教学中所发生的许多有价值的教育和教学案例，既记载了被研究者——学生的成长经历，也记录了作为研究者的教师不断探索教育教学问题的历程。第二，教育叙事研究打破了传统规范研究的很多条条框框，具有非常强的操作性和实用性，不仅赋予了研究者更多的自由，而且也彰显了研究者自身经验的价值，因而，极大地调动了教师参与科研的积极性，促进了教育科研的大众化。第三，教育叙事不仅注重叙事，而且注重反思。教师写教育叙事的过程，就是对自己的教学活动进行全程监控、分析和调整的过程，是教师自我反思、自我培训、自我提高的过程，真正实现了"为自己的教学进行研究，对自己的教学进行研究，在自己的教学中进行研究"的目的。教育叙事研究可以把教师带入创新的、发现的、反思的生活中，有利于教师强化成功的教学技能，积累有效的教学策略，提升自己的教育教学理念，使教师从理性的高度去审视自己的教育教学行为。教师通过一个个生动活泼的教育故事不断发掘教育的意义，深化自身对教育的理解，从而不断提高自己的专业素质和专业能力。

三、如何写教育叙事

教育叙事研究可以分为很多不同的类别，有教学叙事、生活叙事和自传叙事等，实际上，教育笔记和教育日记也是叙事研究的一种表现形式。不管是哪一种叙事形式，在写法上都有一些共性。第一，在选材上要注重事件的代表性。教师平时要注意培养自己的问题意识，要注意关注和收集教学中的"关键事件"，通过一个个关键事件的"叙述"达到研究的目的。第二，所叙述的教育故事具有一定的冲突性。教育叙事所选择的教育故事不是师生日常生活记录，更不是记"流水账"，而是包含着师生冲突的教学情境。正是通过这些冲突的化解来表达教师对教育的理解，否则，叙事研究就失去了意义。第三，叙述要完整和生动。既然是叙事，就要有一个从开始到结束的完整情节，要揭示故事中人物的内心世界，所以教育叙事要求教师要掌握一定的表达技巧，在语言上要避免枯燥和乏味，尽量使用生活化的语言来表述。同时，要将事件发生过程中，师生双方的感受、反应，教师在教育教学中的每一步行动准确地记录下来。第四，要突出教育性。

教育叙事虽然采用了故事性的叙述手法,但讲故事本身不是目的,意图在于通过故事来表达研究者本人对于教育的理解,因而,叙述中不仅要把事件的主要环节讲清楚,还需要有研究者对事件及其解决策略的评述。

[案例1]

教学叙事:别抢话,学会等待

在海口蓝天中学初二(3)班的数学课上,张老师和同学们正在一起探寻数学的奥妙。由于是初次接触杜郎口中学理念,张老师上课伊始参与得很少。也许是惯性使然,也许是不到台前去讲嗓子发痒、心里难受,课进行了不到15分钟,张老师终于按捺不住讲述的欲望,走上讲台,滔滔不绝讲评起来。张老师这边讲,学生那边出现了这样的情景:只见一个学习小组中的一个男同学双手托腮、目光呆滞,无神地望着窗外,似乎有所思,也似乎无所想;另有一个男生低头吃自己手指玩;当我问第三个男同学,老师让他干什么时,他却说不知道,只有剩下的一个女同学在无奈地听,也许是给张老师一点面子吧!这就是教师参与的结果,试问:这样的课堂效率如何呢?

通常人们好为人师,教师亦如此,有时更甚之。就像一位教师所说:每当学生说不到点子上或讲得不到位时,教师往往沉不住气,开始指点一番江山,激扬一番文字,可结果呢?如在初中二年级的一节语文课上,学生小彤在读"滋润万物时"时把"润"字读成了"yùn",但是她马上意识到自己读错了。没等教师开口,她已经抢到了话语权,因为她知道,她的语文老师好抢话,所以,这一次她比老师抢得快,只听她说道:"同学们,刚才我读错了一个字，谁听出来了？"这时只见老师被噎在那里，可又不得不为小彤的机灵而叫好，只好说道："是啊，同学们，谁听出来了？"试想，如果不是小彤机灵，如果教师抢到了话语权，如果教师给学生纠正了，又会怎么样呢？小彤心里又怎么想呢？小彤今后的学习积极性是否会受到极大挫伤呢？可见教师一旦抢话，学生的自尊往往会受到伤害，学生的个性就难以张扬，学生的智慧更是无从谈起。所以，教师有时要学会"偷懒"，做一个智慧型教师，要学会等待，等待，再等待。等待不仅是一种智慧，更是一种美德。因为等待也是一种教育，有时是一种很好的教育。

（由山东省聊城市茌平区杜郎口中学孙玉生老师撰写）

[案例2]

生活叙事：教师岗位分工风波

暑假开始了，学校人事小组人员开始讨论起下学年的教师分工了。经过讨论，为了稳定发展，大部分教师的工作岗位不变，只对部分教师工作进行了调整，其中包括六年级数学教学。由于原来教六年级数学的刘老师身体不好，已向学校申请不教毕业班。学校考虑到她的实际问题，同意了刘老师的请求。但是，由谁来教呢？经过人事小组的反复讨论、权衡，最后确定由陈老师任教六年级数学。会后，由主管教学的张副校长负责通知所有教师下学年的工作安排，并要求教师在假期做好准备。

两天后张副校长告诉我，即将担任六年级数学教学工作的陈老师不接受分工安排，原因是她儿子在她所教的六年级里就读，她儿子不同意她教自己。我对张副校长说，你做做她的思想工作，要她顾全大局，服从学校的工作安排。数天后，张副校长说，没做通陈老师的思想工作。我心里有点不快，就对张副校长说，你叫她找我吧，我来做她的工作。我想要说服陈老师的原因有三点，一是这个决定是经过人事小组讨论的，不能说变就变，对其他教师会有不良影响；二是目前学校找不到比她更合适的教师教毕业班了；三是她不教毕业班的理由有点牵强。

两天后的一个晚上，已经11点了，我收到了陈老师的短信。大意是说，她的儿子知道她要教他们班数学，反应非常大，说如果他妈妈教他数学，他就要转学。她儿子向来很内向、很固执、很敏感。为了儿子能够在六年级学得好一些，能够顺利毕业，她特向学校请求不教六年级。除此之外，学校要求她做什么都行，她都将尽力做好。

我收到短信之后，犹豫了。作为母亲，对自己儿子的要求怎会不考虑呢？何况是与学习有关的，又临近毕业。作为教师，她的请求也很诚恳，只要学校答应她这件事，她愿意服从学校的任何工作安排，她的请求也不太过分。不是说要以人为本吗？如果她不服从，内心不接受，也不会把工作做好。但转念一想，不行呀，数学组总共八位教师，有两位身体不好的，两位是刚毕业的，三位既担任数学教学又担任班主任和教研组长工作（刚担任一年）。而且家长也曾强烈要求不要再变换教师了。（因为学校是新办校，每年有15位左右教师进校，所以教师的分工变动较大。）

另外，学校里教师子女很多，如果教师们都不愿意教自己孩子所在的那个班级，以后还怎么分工？如果每位教师都对学校分工不满意，都有这样的请求，怎么办？想到此，我下决心说服陈老师。我拿起电话打了过去。这个午夜谈话竟长达近三个小时。通话过程中我们既互相理解，又吐露肺腑之言；既谈到她的过去，又谈到学校的发展；言辞既委婉，又激烈。就这样，我们都想尽力说服对方，说到动情处，她竟然哭了。我想再这样下去，到天亮也不会有结果。于是我让她再好好考虑一下。在谈话过程中，我知道一个月前，她的母亲病了（她是独生女，她母亲退休前也是小学校长），住院那天，刚好是学校接受义务教育规范化评估当日，她不好意思请假，就让母亲自己去办理住院手续。我听了心里很感动，决定第二天和工会代表一起去探望她的母亲。

后来，陈老师给我打电话说她接受学校的工作安排，她会做好她孩子的思想工作，我心里总算一块石头落地。这事情过去快一学期了，陈老师任教的班级的学生、家长对她的评价不错，也没听到她儿子有什么不良反应。我经常反思这件事情：第一，我不知道当教师利益和学校利益或者需要发生冲突时，作为校长，我更应该考虑哪方。应该以教师为本还是以学校利益为本？第二，我在琢磨着陈老师后来怎么就答应学校的安排了呢？或许当晚我们的深夜谈话触动了她，当晚我大多时候充当了倾听者，让她尽情地把她的过去、她的苦闷、她对学校的建议、对校长工作的理解一股脑儿地倾诉出来。第三，或许是我们利用了情感抚慰的方法，我们去看望了她的母亲，通过对她母亲的关心而打动了她。

（由广东省广州市天河区天府路小学王晓芳校长撰写）

[案例3]

自传叙事：我的学生喜欢我

对于教师来说，如果能与学生的感情交流达到水乳交融的境界，定会产生教育的最佳效果，这应是教师们共同追求的目标。如果我们总是凌驾于学生之上，就无法走进学生的心灵，也无法与学生达到感情的沟通，更无法遵循现代教育"以人为本、以学生为本"的教育原则。

现代教育要求我们，要做一个合格的教师，必须进行自身人格魅力的铸造，不是把自己铸造成学生尊敬的"严师"，而是努力成为学生喜欢的"良师益友"。遵循这一教学理念，在多年的教学中，我注重自身言行，在细节上下功夫，得到了学生的拥戴和喜爱。

一、我爱用幽默的语言

有一次，讲完一道例题后我让学生做练习，多数学生已经做了好几道了，可还有一些学生没有开始做。我就说："我发现咱们班有好几个'奥特曼'。"一听说"奥特曼"，学生特别有趣，有的学生很奇怪地问我谁是"奥特曼"。我说："我布置完作业后，有些同学已经快写完了，可有几个同学还没有动手呢，你们说他们的动作是不是特别慢呀？"同学们齐声说："是——"他们把声音拖得很长，我就顺手在黑板上写出"噢，特慢"。同学们都笑了，那几个同学的脸红了，动作却加快了。

二、我会"拍马屁"

我发现低年级的学生对老师的情感是复杂的。他们有时会情不自禁地在你面前撒娇，有时又极力地隐藏缺点，表现出优秀的一面，生怕你不喜欢他。他们围着老师转，很想引起老师的关注,想尽办法把他们的绝活儿全都拿出来在老师面前"耍"。我发现了他们的这个秘密。于是,下课后虽然教室很吵,我还是尽量留在教室里。这时,这些小"马屁精"们就开始在我的面前大献殷勤,替我收拾作业本,帮我捶背,更有甚者还摸摸我的手,捏捏我的耳朵,有的还胳肢我,那份美就甭提了。我逗他们说:"我要是有你们这样的儿女多好啊!"——他们更卖力了。我又"陶醉"地说:"当皇帝的感觉真好呀!"他们便笑作一团。说实话,这帮小家伙也喜欢我拍他们的"马屁"呢。这样,我们都很快乐!

三、我喜欢运动

我喜欢运动。每当我在运动时,身边总是围了几十个啦啦队员为我加油。他们对我的一切是那么关注,我也不由得把自身的特长都表现得淋漓尽致,尽情施展自己的才华,努力使自己的形象更高大。说实话,有了这么多热情的小观众,我的运动水平也提高不少。渐渐地,有的学生也开始加入运动的行列。我的很多同事都很羡慕我,但有的说我太娇惯他们了,也有的说:"你都快四十的人了,咋还像个小孩呢?"其实我是在享受学生带给我的快乐,同时我也对"为人师表"四个字有了更深的理解,教师的一言一行都要给学生做一个表率,达到"此时无声胜有声"的境界。我要把我人格的魅力、能力、全部的知识和才华展现给我的孩子们,让他们去学习、模仿、超越吧!

四、我很宽容

赏识教育的提倡者周弘有句名言:"优点不说不得了,缺点少说逐渐少。"学生身上有些小毛病是很正常的事情。有些教师习惯揪住学生的小辫子不放,今天出点小毛病就把以前的问题全拿出来数落一顿,认为新账老账一起算,让学生觉得很丢人才能受到教育，才能长记性。这样做反倒使小毛病放大，变成大毛病，容易让学生陷入毛病的旋涡，丧失改掉毛病的信心。有的教师见到家长就打小报告或纵容家长打孩子，这些做法容易使学生形成自卑、胆怯的心理，也是造成学生撒谎、厌学的主要原因。

我和家长交流时主要谈方法，引导他们用科学的方法教育自己的孩子，遇事多让家长找找自身的原因和其他实际情况，客观地看待孩子身上出现的问题，多表扬、多鼓励、多理解；少批评、少训斥、少抱怨。

宽容架起了我和学生心灵沟通的桥梁，宽容是净化学生心灵的契机，是爱的教育的生动体现，它比单纯的传授知识更能打动孩子们的心灵。

很多家长告诉我：我的孩子很喜欢你，把你说的很多话经常说给我们听。有的说：我的孩子很崇拜你。说真的，学生对我的爱，就是对我最高的奖赏。

有时无声的教育远胜过大声的训斥和严厉的责罚，教育的过程应该像春雨——润物细无声；像春风——虽然柔和，但有不可抗拒的生命力。我要让爱像春雨滋润学生的心田，让爱的种子在学生心田里生根发芽；我要让人格的魅力像春风一样吹开学生智慧和情感的大门，让他们能沐浴到春天的阳光，让他们的身心健康成长。

（由河南省洛阳市涧西区景华实验小学李自明老师撰写）

[案例4]

教育日志行动——无声的领导力

2008年8月26日上午，我接到教育局的通知，调往潍州路小学担任校长。上任之初，困扰我的问题挥之不去：这所全区唯一的百年老校，6年前是何等辉煌，仅仅6年，在全区已是"前有标兵，后无追兵"，原因何在？

9月1日开学了，早上，我早早地来到了学校。7：10，我站在大门口，微笑着和所有的教师点头打招呼。看得出个别教师吃惊的表情：校长来了？来这么早？当然我也吃惊——开学典礼开始了，还有教师才进校门……

9月2日，我依然是7：10站在门口微笑着打招呼，教师们来得早的明显多了，更多的教师在互相问：校长几点钟到的学校？……

9月3日，我依然……，教师早来的明显更多了，明显早了，7：10前已到校多半，教师们在互相打听：学校规定几点钟到校？……

9月4日，我继续……，绝大多数教师在我来之前签到了。德育主任悄悄找到我："校长，老师们问'学校规定早上几点钟到校？''7：10来太早了''谁规定的这个时间呀？'……可老师们说校长每天来这么早，大家不好意思。"

9月5日，我坚持……，所有的教师在我来之前签到结束。同时，我也看出了老师们的紧张和疲惫。

下午全体教师会，讨论四个话题：

1. 学校一周的变化。老师们争相发言：校园干净了，卫生整洁了，列队整齐了，工作效率高了，没有教师迟到了，提前候课的教师多了……

2. 为什么会发生这么大的变化呢？我让老师们用一个词来表达，全体老师不约而同地说出了"行动"这个词，那么整齐，那么一致。

3.如果在"行动"一词前面加上不同的修饰词,还可以怎样评价这一周的工作?于是"领导带头行动"以最高票当选。

4.累吗?——累并快乐着……

眼前这一张张热情洋溢的脸,让我的心底忽然涌起一股收获的甘甜:

"早到"只是一件小事,但从中却可以折射出一份崇高的情怀——对事业、对学生尽职尽责的强烈的责任心!

怎样"早到"?处理起来,也是简单的,可以采用行政命令——新校长上任,执行起来一定会立竿见影的;可以运用制度约束——政令面前人人平等,操作起来不会有太大问题;还可以如我一样,只是"早到",依然早到,继续早到,坚持早到……。于是行政命令、制度约束变成了教师们主动自觉的自我约束——7:30之前到校,没有怨尤,没有懈怠!

何以如此呢?我想到了一个常常在脑海里萦回的词——引领,我还想到了许多可以诠释我的感受的语句:"一打纲领,不如一个行动""桃李不言,下自成蹊""给我上,不如跟我上"……

于是,心底的一个顿悟跃然纸上:作为教师群体的"班长",怎样才能成为学校发展的"领头羊"?怎样才能成为教师队伍"平等中的首席"?怎样才能成为一个优秀的校长?——坚守着"行动——无声的领导力"的信念是必由之路!

(由山东省潍坊市奎文区潍州路小学王秀芹校长撰写)

第四节 教育研究报告

研究报告是教育研究成果的主要表现形式之一。在以往的中小学教研活动中，研究报告并没有受到应有的重视。因为，研究报告一向被看成一种比较学术化和规范化的研究成果表达形式，撰写研究报告是专业研究人员的事情，对于以个体反思研究为主要形式的中小学教师来说，还不是特别的需要。但是，随着中小学科研活动的深入开展，特别是学校和教师研究课题的增多，如何写好研究报告就成为中小学教师必须掌握的专业技能了。

实际上，写研究报告就是研究过程的一部分，研究者将自己在研究中的思考和发现以比较科学和规范的方式表达出来，对研究者来说意义是巨大的。第一，写研究报告可以使研究者的思维进一步清晰化；第二，研究者将自己的成果整理出来，可以很好地记载自身参与教育研究的经历和专业成长的过程；第三，教育者将自己的研究过程和研究发现表达出来，有助于同行之间进行交流；第四，好的研究报告可以通过报纸杂志等途径进行发表，有利于教育教学改革与发展的推动，从而也提高研究者的成就感，激发研究者持续研究的兴趣和动力。

研究报告作为比较正式的、规范的研究成果表达形式，可以分为很多种形式，主要包括教育经验总结、教育考察或调查报告、教育实验报告和学术论文等类型。不同类型的研究报告，写作的格式和内容也存在一定的差异，但不论是什么类型的研究报告，大致都要具备以下几个方面的特征。

第一，科学性。研究报告是在科学的研究过程中产生的，因而，研究报告中使用的材料不是研究者个人的主观感受，而是要以客观事实为基础的。这就要求研究者在研究的过程中应使用科学的研究方法和研究工具，从事实出发收集材料，从而得出相对科学的结论。科学性是研究报告的基本要求，也是研究报告的价值基础，缺乏科学性的研究报告对于教育实践来说是没有任何指导意义的，有时甚至会误导教育实践。

第二，学术性。无论是专业研究人员所做的研究报告，还是广大中小学教师所做的研究报告，都必须具备一定的学术性。所谓学术性，就是要求研究报告必须建立在一定的教育教学理论基础上，研究中涉及的概念应该有明确的界定，研究对象和研究问题是清晰的，在逻辑上是通顺的，不能出现自相矛盾的说法。研究者所得出的研究结论是基于客观事实所做出的一种判断，而不是研究者个人的主观臆断。此外，研究报告的学术性还表现为研究框架的完整性和见解的独创性。

第三，规范性。作为一种比较正式的成果表达方式，规范性是研究报告的基本要求之一。不同类型的研究报告在写法上的要求不尽相同，研究者在写作过程中应该遵照相应类型研究报告的基本结构和程序，如调查报告怎么写、实验报告怎么写、一般的学术论文怎么写都有比较明确的规范。此外，规范性还表现在该研究采取了何种研究方法、运用了哪些研究工具和数字处理技术、引用了哪些文献、采用了什么样的问卷和访谈提纲等，都必须清晰地加以说明。

第四，应用性。教育研究的重要特征就是它的应用性。作为教育研究的成果，研究报告当然要体现为教育实践服务的精神，这一点对于中小学教师来说尤为重要。由于中小学教师的研究大多是针对自身教学实践中的问题而产生的，因而，研究报告在选题、研究对象、研究内容上都应从自己工作领域中进行提炼和界定，选择那些与教育改革密切相关，又是自己在教学中所遇到的难点和重点问题进行研究，以真正为改善自己的教学、提高自己的教学效能服务。

下面简要介绍几种中小学教师常用的研究报告的结构和写法。

一、经验总结报告

经验总结报告是中小学教师最常用的一种研究成果表达形式。所谓经验总结，就是对教育活动中比较典型的事件进行分析、概括和整理，形成较为系统的、合乎逻辑的认识。经验总结报告也是一种研究报告，虽然不如调查报告、实验报告和学术论文那样规范和严谨，但它具有很强的可操作性、实践性和概括性，也是中小学日常教育科研成果交流中最主要的形式之一。

以经验总结的形式进行教育研究所产生的巨著、力作历史上并不少见，如我国教育经典著作《学记》和《论语》等，都是古人对教育经验的总结。我国近代的一些著名教育家如陶行知、陈鹤琴等，国外的著名教育家如裴斯泰洛齐、苏霍姆林斯基等都是在不断总结教育经验中形成自己独特的教育思想和理论体系。

经验总结报告在写作形式上比较多样，有以时间为顺序的，也有以事件为基础的；有描述性的，也有论述性的，但基本上都包括三大部分：标题、正文和落款[1]。

---

[1] 张建. 研究报告撰写指导 [M]. 北京：教育科学出版社，2003：102.

1. 标题

经验总结的标题可以直接描述，例如，"提高学生的写作能力点滴谈""学校校本课程开发的体会"等；也可以提出一个观点，再加上一个副标题说明观点的来源，如"因地制宜是校本课程开发的关键——光明小学校本课程开发的经验"。

2. 正文

正文是经验总结的核心内容，主要包括基本情况概述、主要做法与取得的主要成就、存在的问题或教训、今后改进的设想。

3. 落款

落款包括署名和日期。如果是个人总结，署名既可以写在标题之下，也可以写在文章的最后。如果总结是以单位的名义写的，则标题之下只写单位名称，作者姓名通常以执笔人的身份写在文章的最后。由于经验总结都带有很强的时效性，所以，写作日期一定要明确，一般都放在文章末尾，姓名的后面。

写经验总结时，要注意以下几点：一是要善于以小见大，二是要观点鲜明，三是以事实说话，四是事例和人物要典型，五是要有时代感，六是要有一定的创新性。

二、教育调查报告

教育调查报告一般由标题、前言、正文、结论或建议、附录五个部分组成。

1. 标题

调查报告的标题通常有三种写法。一是以调查对象和主要问题做标题。例如，"北京市海淀区打工子弟学校情况的调查""某县初中辍学率的调查"等。二是直接用研究者的观点做题目，用副标题的方式说明调查的对象，如"教师参与学校管理是提高学校教学质量的重要途径——某中学学校管理状况的调查"。三是用提问的方式写标题，如"学生学习积极性不高的原因何在？""学校安全隐患有多少？"等，这些主标题下面也可以加上副标题来说明调查的范围或对象。总之，调查报告标题的写法比较多，但是一定要简洁，要突出调查的问题。

2. 前言

前言是调查报告中比较重要的部分，它的目的是要向读者说明调查的起因和意图、调查对象和范围、调查的筹备过程等。因此，在前言中，研究者要简要地交代调查的背景、缘由、目的、意义、对象、内容、时间、地点、调查过程中使用的方法和工具，以及抽样的方式等，对调查中遇到的问题也可以在前言中做些说明。

3. 正文

正文部分是调查报告的主干，在结构上通常有三种形式，即纵式结构、横式结构、纵横交错式结构。纵式结构就是按照事物发展的脉络和历史顺序来叙述事实，阐明观点。这种结构有利于说清问题的来龙去脉，便于读者了解问题的全过程。横式结构就是把调查的事实和形成的观点，按照不同性质或类别分成几个部分，并列排放，分别叙述，从不同的方面共同说明主题。这种结构的优点是问题展得开，论述较集中，而且条理清楚，观点突出。纵横交错式结构就是纵式结构和横向结构的结合使用。这种结构一般有两种情况：一是以纵为主，纵中有横；二是以横为主，横中有纵。纵横交错结构的优点在于，既有利于按照历史脉络讲清楚问题的来龙去脉，又有利于按问题的性质、类别展开深入的论述。①

4. 结论或建议

根据调查得来的数据和材料，概括出主要结论，有时候还可以根据需要提出一些改进建议。结论在写法上没有特别的要求，主要是注意客观性，要根据调查得来的事实进行概括和抽象，使结论部分与前面的调查保持高度一致，而不能凭研究者的主观臆断，以防止出现调查事实与结论脱节的现象。

5. 附录

附录部分一般用来说明调查报告中所用到的相关工具，如问卷、量表和访谈提纲，以及便于读者理解调查人观点的原始材料，包括一些数据、访谈录音整理等，主要目的是帮助读者进一步了解调查情况和判断调查的科学性。

撰写调查报告时要让事实说话，不宜过多引申和发挥；使用调查资料时要注意点面结合，既要有典型事例，又要有反映总体情况的材料；在文字叙述上要准确、简练、朴实、生动，对事件的描述切忌"添油加醋"；阐述观点时要言简意赅，不宜使用生僻词汇和华而不实

---

① 李方. 现代教育研究方法 [M]. 广州：广东高等教育出版社，2004：358-359.

的语言;在表达方式上要简明扼要,文字、表格和图片结合使用,能够用表格来说明的尽量不用文字,能够用图来说明的尽量不用表格,力求直观,使调查情况一目了然。

三、教育考察报告

上面所说的是比较规范的调查报告,实际上,还有一种与调查报告比较近似的研究报告形式,通常我们称之为"考察报告"。从广义上讲,考察报告是调查报告的一种形式,只不过对于一线教师来说,写考察报告的要求不像正式的调查报告那样规范和严格。随着各地教育交流的日益频繁,教育考察已经成为学校和教师之间相互学习的重要方式。因此,写好考察报告对于中小学教师来说也是非常有必要的。

教育考察报告,是根据教育实践的需要和预期的目的,运用观察、测量、采集、询问等调研手段对有关教育问题进行研究后写出的书面报告。它由教育研究人员亲临现场,如实地记录和描述对某一研究课题的观察和调查所得到的事实材料和研究结论。[1]

教育考察报告与教育调查报告既有一些共性,如两者都强调研究者亲临现场,都需要收集第一手材料,也有一些不同。第一,教育调查报告更多是问题指向的,即研究者是带着问题进入现场的,而且在调查对象的选取上强调其在整体样本中的代表性;而教育考察则是学习指向的,有点类似于从他者的角度所做的经验总结。大部分教育考察报告都是为了学习被考察对象的先进教学经验或管理经验,因此事先并没有明确的问题指向,如果有问题也是在考察中发现的。教育考察在对象的选择上更强调特殊性和典型性。第二,教育调查报告在

---

[1] 刘德华,朱济湖.教育科研·教育科研实用写作[M].长沙:湖南大学出版社,2001:238.

调查方法和工具的选择上要求较为严格，而考察报告更多是基于考察者个人的所见所闻，没有太多方法和工具的限制，比较随意一些。第三，教育调查报告在写法上强调用事实和数字说话，研究者的描述要尽量客观，不可掺杂太多的个人好恶。而教育考察报告多属于考察者的个人感受，因而个人发挥的空间较大。

考察报告在结构上主要包括以下几个部分。

1. 标题

考察报告的题目一般来说都开门见山，可以直接说明考察的地点，也可以直接说明考查的内容或对象。比如，上海闵行区义务教育考察报告、山东杜郎口中学考察报告、北京第一师范学校附属小学"愉快教育模式"考察报告等。有时候，考察者为了吸引读者的注意力，通常将主标题以一个鲜明的观点来表达，而把考察内容或对象以副标题的形式加以说明。比如，"信息化是促进城乡教育均衡发展的有效途径——山东寿光基础教育均衡发展考察报告"等。

2. 引言

引言部分主要介绍考察的时间、地点、目的、参加考察的人员等。

3. 主体部分

主体部分是考察报告的核心，主要记述考察者在考察过程中的所见所闻和所思所想。主体部分的写作切忌走马观花、记流水账，要注意逻辑顺序，把握重点，线索要清晰。

4. 结尾

教育考察都是带有一定目的的行为，因此，在考察报告的结束部分应该概括性地对考察的内容做一个小结，包括对考察对象做一个总体评价，然后提出对改善自身教育实践的启示。当然，考察者有时候也可以根据看到的情况提出一些讨论问题，这样可以有助于对考察情况进行深入思考，避免盲目模仿别人的经验。

考察报告的写法有很多种形式，可以根据考察对象和考察者自身表达的需要进行调整。但不论采用何种表达形式，考察报告在写作上都必须遵照被考察者的实际情况，要用第一手资料；要注意点面结合，既要有整体描述，又要突出重点。在考察材料的呈现方式上要力求直观、简练，多采用图表与文字结合的形式，力求图文并茂。叙述要把握分寸、言简意赅、形象生动，不宜使用夸张和比喻等文学笔法，少渲染，尽量客观描述。

四、教育实验报告

随着课程改革的推进，一些新的教育方法和手段不断被引入课堂。教师参与新教材、新方法实验的积极性也越来越高，教师不仅要学会做教育实验，还需要把自己的实验过程和实验结果准确地表达出来。

从研究的角度来说，实验研究被认为是最科学的方法之一，它也成为衡量一个学科是否科学的标准之一。在自然科学领域，通过实验获得的结果往往是最令人信服的，换句话说，如果一个结论不能用实验的方法来加以证明，其科学性都是要大打折扣的。在教育科学领域，教育实验方法的产生一直被认为是教育科学化的重要标志。从这个角度来说，撰写教育实验报告需要有比较严谨的科学态度，实验报告中所反映的问题和结果,完全是实验过程中所获得的东西,不允许有丝毫外加的成分。不管实验结果能否达到研究者最初的愿望,能否验证实验假设,实验报告都必须客观、真实。

实验报告从结构上看主要包括题目、前言、方法、结论、讨论、参考文献和附录七个部分。

1.题目

题目是研究报告的主题思想,必须能准确、清楚地呈现出研究的主要问题。因此,实验报告的标题常常直截了当地指明研究所涉及的主要变量及其相互关系,使人对研究问题一目了然。比如,"多媒体与教师教学效能关系的实验研究"。一般来说,准备发表的实验报告,在题目上要进行锤炼和推敲,既要精确严谨,又要具体明确,引人注目,必要时可以采用副标题来突出研究内容。

2.前言

前言也称引言和导语,是实验报告的正文开头部分,包括四个方面的基本内容:(1)问题的提出。前言中必须说明研究者为什么要做这样的教育实验,背景是什么,要解决什么样的问题,有何价值和意义等,目的是引起读者对研究问题的关注。(2)以往类似研究的情况如何,有何重要结论或发现,存在哪些问题,对本实验研究有何启示,等等,实际上等于一个比较简略的文献综述。(3)研究的目的和假设。通过实验研究,要解决哪些问题,提出哪些假设等,都需要在这一部分中予以说明。(4)关键概念或名词、术语的解释。为了使研究的边界更清晰,也为了方便读者更为清晰地理解研究的过程和结果,研究者对实验中涉及的一些重要概念或名词术语都要给予特殊的说明，或者给出一个操作性的定义。

3. 方法

实验是否有价值、能否取得预期效果往往在很大程度上取决于方法的选择。研究方法运用合理、过程设计精密、操作得当，研究的结果自然会让人信服；反之，实验结果就会失去价值。同时，对方法的说明还可以为同行评价实验结果的真实性和可靠性提供依据，也便于他人用同样的方法进行重复或模仿实验。

方法部分主要说明被试的选择、试验组和控制组的安排、自变量的确定和实验条件的控制方式、实验的程序和步骤、地点和时间的安排、实验数据的记录方法和处理技术、实验中所用到的量表和问卷等。

4. 结论

实验结果的表述是实验报告的核心内容。研究者须将实验中收集到的数据和材料以特定的逻辑方式呈现出来，并对资料进行分析处理，得出实验结论。在写作上，研究者应力求以准确无误的数据来说明问题，不能用别人的数据和研究结果，也不应该有过多的研究者的主观评论，要让事实说话，保证结果的真实性和客观性。在数据和材料的呈现方式上，要注意将图表和文字结合起来使用，并注意图表的编辑方式，力求直观、准确。

5. 讨论

讨论部分主要是对实验结果的反思。在很多情况下，对实验结果的解读都是仁者见仁，智者见智的。由于读者对研究的过程并不十分清楚，特别是很多可能对研究结果产生重要影响的细节性东西未必都能在研究报告中呈现出来，为了方便和引导读者理解研究结果，研究者可以从自身的知识背景和研究中的发现出发，对一些相关问题和结果进行一定的引申，帮助读者理解实验结果。此外，实验过程中也有可能会遇到许多研究者本身也感到困惑的问题，如实验结果与实验假设之间的不一致、收集资料的困难、数据处理中的误差、研究和结论的局限性等都可以在讨论中加以说明。

讨论与结论是有区别的。结论是基于实验收集的数据而得出的客观判断，不可随意增添和引申，而讨论则是研究者的主观认识和分析，是研究者本人对研究过程和研究结果的理性认识，可以做一些引申和发挥。

6. 参考文献

这一部分主要列举实验报告写作过程中参阅的文献资料，目的是反映这项实验是建立在哪些研究基础之上的。参考文献通常是最容易被忽略的地方。但实际上，这一部分内容也非常重要。参考文献就是研究报告的素材，因而其水平和权威性直接决定了研究报告的质量。所以，研究者在查阅文献时一定要对文献进行选择，尽量使用质量比较高的权威文献。识别文献的权威性有两种比较简单的方法：一是在百度或期刊网上直接将作者的姓名输入查询，检索他在此方面的研究情况；二是根据文献的来源进行判断，一般来说，发表在级别比较高的正式刊物上的文献，其权威性也相对较高。

7. 附录

这一部分主要呈现实验中所使用的工具，如问卷、量表、访谈提纲和一些不必要放在正文中的其他材料，以使读者更为清晰地了解实验的过程和手段,判断实验的规范性与科学性,以及结论的可信度。

在很多时候,实验不是一个人能完成的,需要许多人的支持和合作,因而,在实验报告结束时,研究者可以以"致谢"或"后记"的方式来向所有参与和支持实验的人员表示感谢,这也是一份完整和规范的研究报告不可缺少的部分。

五、科研论文

尽管科研论文不是教师科研的目的,但是写科研论文本身有助于训练教师的思维水平,提高教师的科研能力。所以,当前很多中小学都把教师发表科研论文作为衡量教师专业水平的重要标准之一,甚至将教师发表科研论文的数量和层次作为教师晋职加薪的重要依据。虽然这些做法还存在一些值得商榷的地方,但鼓励教师积极从事科研,并把自己的研究成果呈现出来,不仅有助于教师科研积极性和科研能力的提高,而且对于扩大教师科研成果交流的范围,让更多的同行分享科研成果也具有极其重要的作用。

科研论文写作一般包括以下几个方面的内容。

1. 标题

科研论文的标题既可以直接陈述研究内容或研究问题,比如,"论研究型教师的素质及培养途径""浅论教育的确定性和不确定性""论生成性课程事件的捕捉与利用"等;也可以是一个观点,比如,"反思:研究型教师必备的核心品质""教师成为研究者:新课程的教师角色期待""学校文化:薄弱学校改进的突破口"等;有时候还可以加上副标题对主标题内容做进一步的说明和界定,比如,"论教学内容的不确定性:知识观转型对教学内容重建之启示"等。好的科研论文标题应该比较简洁、观点鲜明或者问题突出，在语言表达上要有一定的冲击力，能一下子吸引读者的注意力。比如，笔者的一名学生写了篇文章，题为"关于长兴教育券的政策研究"，我告诉她这样的题目太平淡，建议修改。第二次她把题目改为"教育券政策的理论模式和实践问题——基于长兴的案例研究"，这个题目太大，也比较呆板，经过讨论，第三次她把题目改为"教育券政策的理想蓝图与实践困境"。这个题目不仅准确地反映了作者要研究的主要内容，而且在表达上也比较鲜活，有较强的冲击力。所以，论文完成以后，如果研究者希望发表，就要在标题上认真揣摩，力求简洁、通顺、抢眼。

2. 内容提要

内容提要的目的是让读者用最少的时间来理解作者的意图和要表达的主要思想。因为很多情况下，读者并不需要了解研究者的研究过程，他只想看到研究者对这个问题的主要看法。所以，内容提要要力求最为准确和简要地表达全文的核心思想和主要观点。另外，从投稿的角度来看，这也方便编辑审稿。编辑每天都会收到诸多稿件，不可能每一篇都认真、仔细地通读。一般来说，很多杂志的编辑在看全文之前，都会先看提要，如果提要中的观点不突出、没有新意，基本上就不会再往下看了。所以，写好提要非常关键。提要的字数最好控制在 300 字以内。

3. 关键词

关键词也称主题词，是反映文章核心内容的概念或术语，其目的是为检索文献服务的，读者能够以关键词为线索快速、准确地在期刊网或其他资料库中找到该篇文章。关键词的用途和目的往往没有得到论文写作者的高度重视，特别对于一线教师来说，更是如此。一些教师通常在论文完成后，随便从标题中截取几个概念做关键词，使关键词成为一种形式，并没有反映文章的主要内容。比如，有教师在写作题为"提高教师课堂教学有效性的对策与思考"的论文时，将关键词确定为"教师""教学有效性""对策""思考"四个词。这样直接从标题中选择关键词，无法反映作者的研究内容和主要观点，因为标题中带有"对策"和"思考"字眼的文章不计其数，同时，它们本身也不能反映研究者的主要研究内容和观点。合理选择关键词要根据文章的内容和观点，比如，研究者在提高教学有效性的建议中，提到了一种比较重要的教学方法"分层教学"，并且作者对此概念的内涵和实施方法进行了详细的解说，在文章中占的篇幅也比较大，那么，"分层教学"这个词就理所当然是文章的关键词，即使它在标题中没有出现。所以，对于关键词的选择要慎重推敲，不可随意或任意为之，应该对文章中的核心概念或术语进行提炼。此外，关键词必须是规范的、准确的科学名词或术语，不能使用不规范的或者作者自己杜撰的词汇。

4. 论文主体部分

科研论文可以分为很多种，如哲理性的、事实性的和综合性的等，论文主体部分的写作往往因论文的类型不同而有所不同。但也有一些比较一致的地方，如都要求概念统一、观点鲜明、结构严谨、论证合乎逻辑、语言表达流畅。

5. 引文注释和参考文献

引文和参考文献是文章的材料，好材料是好文章的基础，所以，研究者在引文和参考文献的选择中，一定要注意其权威性和代表性。关于这一点，前面已有说明，此处不再赘述。参考文献的呈现要注意遵照学术规范，要按照杂志和书籍中的通用体例进行编辑。目前在文献编辑规范上主要参照国家标准GB/T7714-2015《信息与文献参考文献著录规则》排写格式，可具体查阅不同出版社、期刊的样例，按要求著录。

后　记

作为教育研究者，我虽然在大学工作，但是我总喜欢往中小学校跑，差不多每周都要去学校走一回，听课研讨，乐此不疲。在许多次深入课堂，与教师的交流中，我发现现在的年轻教师尽管学历越来越高，接受的培训越来越多，掌握的理论和理念越来越新，但是一到具体的课堂情境中，在面临新的教学问题时，他们常常束手无策，无所适从。尽管上示范课、公开课，师带徒等各种促进教师发展的方式在不断翻新，教师的专业发展水平仍令人不太满意。这不仅说明了从专业知识到专业技能转化的复杂性，而且说明了教师专业的特殊性。由于教师工作面对的是一个个鲜活的个体，且教师自己的学科不同、家庭背景不同、环境不同，其工作情境具有不可重复的特征，教师实际上很难从别人那里获得解决自身课堂问题的灵丹妙药，唯一的渠道只能是重回自己的教学实践，对自己的教学问题进行反思和研究，才能逐渐找到有效的策略。

也就是从那时起，我开始努力转变自己在帮助一线教师发展中所扮演的角色，从最初专注于传播新观念、新理论的教师群体的局外者，逐渐转变为与教师一起研究课堂的局内人，并且注意到研究会给教师带来快乐和收获。

2009年，由我的导师袁振国教授主编、教育科学出版社出版的"新世纪教师教育丛书"正好要修订再版，当时主编有意要增加一本帮助教师做研究的书，我主动请缨，撰写了《做研究型教师》。这本书出版十多年受到广大一线教师的欢迎，许多地方和学校纷纷邀请我专门给教师就"如何做研究"做讲座，讲座做了不下百场。特别是最近几年，随着教育改革的深入，立德树人、核心素养、五育并举、课程整合、项目化学习、考试评价、减负提质等新的思想、目标和政策的提出，教师面临的实践问题越来越多，越来越复杂。如何面对新挑战、解决新问题、实现新发展极大地考验着广大一线教师，因而围绕新的理念和政策、围绕实践需求开展深入研究变得越来越重要。唯有研究才能回答好教育的时代命题，才能真正促进教师的专业发展。

"做研究型教师"既是我对教师工作方式的理解，也是我对教师专业成长方式的期待。本次修订增加了很多关于研究设计、研究方法和研究工具的内容，更加注重实用性。本书案例提供者的具体信息沿用第一版的，未做同步更新，敬请原谅。如果说第一版的主要目的是帮助广大教师树立做研究的理念，这一版则重在帮助教师掌握一些做研究的技巧和方法，从而使研究更加规范、深入，也更加科学，使研究变得更容易操作，让研究成为教师专业生活的常态。非常感谢教育科学出版社同仁的督促和勉励，使本书得以修订再版；也感谢很多在教育第一线的校长和教师朋友的热心帮助，是他们为我的写作提供了诸多鲜活的案例和启示。

虽然我不停地在大学与中小学之间穿梭，但接触教育实践的广度和深度尚不足。本书只是我在教师专业发展领域的尝试，与广大中小学教师的期待可能还有不小的差距，希望能够听到更多的意见，我将在今后的研究和写作中进一步完善。同时，我也希望以此书为线索进一步拉近理论与实践的距离,实现理论与实践工作者之间的对话与合作,希望我们共同关注充满活力的教育实践,与中小学教师共同成长!

鲍传友

2022 年 5 月

出 版 人　郑豪杰
责任编辑　代周阳　颜　晴
版式设计　孙欢欢
责任校对　贾静芳
责任印制　叶小峰

图书在版编目（CIP）数据

做研究型教师 / 鲍传友著 . —2 版 . —北京：教育科学出版社，2022.7（2023.10 重印）
（新时代教师教育丛书 / 袁振国主编）
ISBN 978-7-5191-3030-5

Ⅰ . ① 做… Ⅱ . ① 鲍… Ⅲ . ① 教学研究 Ⅳ . ① G420

中国版本图书馆 CIP 数据核字（2022）第 051110 号

新时代教师教育丛书
做研究型教师（第 2 版）
ZUO YANJIUXING JIAOSHI（DI 2 BAN）

出版发行	教育科学出版社			
社　　址	北京·朝阳区安慧北里安园甲 9 号	邮　　编	100101	
总编室电话	010-64981290	编辑部电话	010-64989422	
出版部电话	010-64989487	市场部电话	010-64989009	
传　　真	010-64891796	网　　址	http : //www.esph.com.cn	
经　　销	各地新华书店			
制　　作	北京浪波湾图文设计有限公司			
印　　刷	三河市兴达印务有限公司	版　　次	2009 年 4 月第 1 版	
			2022 年 7 月第 2 版	
开　　本	710 毫米 × 1000 毫米　1/16			
印　　张	18.5	印　　次	2023 年 10 月第 3 次印刷	
字　　数	207 千	定　　价	59.80 元	

图书出现印装质量问题，本社负责调换。